AF532509

GRUNDLAGEN GESCHICHTE

Gymnasium Bayern
(LehrplanPLUS)

C.C.Buchner

Grundlagen Geschichte

Gymnasium Bayern (LehrplanPLUS)

Herausgegeben von Dieter Brückner und Klaus Dieter Hein-Mooren

Mit Beiträgen von Anna Elisabeth Albrecht, Rainer Bach, Volker Bräu, Nadja Braun, Dieter Brückner, Judith Bruniecki, Bernhard Brunner, Elisabeth Demleitner, Harald Focke, Marcus Gerber, Klaus Dieter Hein-Mooren, Wolfgang Hofmann, Mona Kilau, Anna Klebensberger, Josef Koller, Michael Mayer, Susanne Mortensen, Ernst Schütz, Miriam Sénécheau und Andreas Weindl

Dieser Titel ist auch als digitale Ausgabe **click & study** unter *www.ccbuchner.de* erhältlich.

Die enthaltenen Links verweisen auf digitale Inhalte, die der Verlag in eigener Verantwortung zur Verfügung stellt.

1. Auflage, 1. Druck 2021
Alle Drucke dieser Auflage sind, weil untereinander unverändert, nebeneinander benutzbar.

Dieses Werk folgt der reformierten Rechtschreibung und Zeichensetzung. Ausnahmen bilden Texte, bei denen künstlerische, philologische und lizenzrechtliche Gründe einer Änderung entgegenstehen.

© 2021 C.C.Buchner Verlag, Bamberg
Das Werk und seine Teile sind urheberrechtlich geschützt. Jede Nutzung in anderen als den gesetzlich zugelassenen Fällen bedarf der vorherigen schriftlichen Einwilligung des Verlags. Das gilt insbesondere auch für Vervielfältigungen, Übersetzungen und Mikroverfilmungen. Hinweis zu § 52 a UrhG: Weder das Werk noch seine Teile dürfen ohne eine solche Einwilligung eingescannt und in ein Netzwerk eingestellt werden. Dies gilt auch für Intranets von Schulen und sonstigen Bildungseinrichtungen.

Korrektorat: Kerstin Schulbert
Layout, Satz und Grafik: ARTBOX Grafik & Satz GmbH, Bremen
Umschlag: ARTBOX Grafik & Satz GmbH, Bremen
Druck und Bindung: mgo360 GmbH & Co. KG, Bamberg

www.ccbuchner.de

ISBN: 978-3-661-**31511**-9

Auf einen Blick: Lernbereiche

Methodentipps

Arbeitsmethoden

Arbeitstechniken

Vorwort

Liebe Schülerin, lieber Schüler,

der LehrplanPLUS Geschichte für das Gymnasium fordert von dir fachliche und methodische Kompetenzen – anders ausgedrückt, das Schulfach Geschichte verlangt von dir Wissen und Können. **Grundlagen Geschichte** ist eine verlässliche Basis, um Inhalte und Kompetenzen zu wiederholen und zu vertiefen.

Der Band beginnt mit prägnanten Zusammenfassungen aller Lernbereiche für die Jahrgangsstufen 6 bis 10. Sie berücksichtigen die verbindlichen **Grundlegenden Daten und Begriffe** (**GDB**) und heben sie bei der ersten Erwähnung im Druck hervor.[1] Sodann werden die **Daten**, **Begriffe** und **Personen** konsequent von Lernbereich zu Lernbereich vernetzt: orange ➜ verweisen auf die Übersicht der **Daten**, grüne ➜ auf das erweiterte Lexikon der **Begriffe** und blaue ➜ auf das ergänzte Verzeichnis der **Personen**. So wächst aus Einzelheiten schrittweise vernetztes Wissen – die Grundlage für die Oberstufe, in der die GDB vorausgesetzt und reflektiert werden.

Zur Orientierung im Raum dienen zahlreiche **Kartentipps**. Sie verweisen auf animierte und konventionelle Karten, die über die angegebenen **QR-Codes** oder Mediencodes jederzeit aufgerufen werden können.[2] Darüber hinaus liefern Grafiken und Schaubilder konkrete Hilfsmittel zum Verständnis von Strukturen und Verfassungen.

Um historisches Wissen erkennen, nutzen und anwenden zu können, sind Kompetenzen notwendig. Erklärungen der zentralen Arbeitsmethoden und allgemeinen Arbeitstechniken findest du am Schluss des Bandes. Außerdem haben wir die Operatoren der Aufgaben nach den Anforderungsbereichen erklärt und Formulierungshilfen für die Bearbeitung von Aufgaben vorgeschlagen. Ein knappes Abkürzungsverzeichnis sowie aktuelle Internettipps runden den Band ab, der bis in die Oberstufe nützlich ist.

Kitzingen und Bamberg, im Juli 2021

Dieter Brückner und Klaus Dieter Hein-Mooren

---

1 Siehe Anlage zum KMS „Handlungsfelder Geschichte" vom 19. Dezember 2018; Stand: 21. April 2021.

2 Wenn du die Karten einsehen willst, musst du unsere Homepage *www.ccbuchner.de* aufrufen und den angegebenen Zahlencode in das Suchfeld oben rechts eingeben oder den QR-Code mit deinem Smartphone scannen.

Auf einen Blick: Lernbereiche

Jahrgangsstufe 6: Von den ersten Menschen bis zu Karl dem Großen

6.1 Der Mensch und seine Geschichte

In der → **Altsteinzeit** lebten die Menschen vom Jagen und Sammeln. Sie wechselten dabei immer wieder ihre Wohnplätze, um Tieren auf ihren Wanderungen zu folgen und genug Pflanzennahrung zu finden.

Neandertaler sind Menschen der Altsteinzeit, die mit ihrem kleinen, starken Körper gut an das Leben in der Kälte angepasst waren. Jetztmenschen, die sich von uns heute nicht unterscheiden, lösten sie in der Altsteinzeit ab. Von ihnen stammen wohl die ältesten Kunstwerke.

Nach einer letzten Eiszeit wurde es auf der Erde wärmer und Wälder wuchsen. Die Menschen der Mittelsteinzeit passten sich an. Östlich des Mittelmeeres begannen Männer und Frauen, Getreide anzubauen und Tiere zu halten. Sie lebten in Häusern. Die → **Jungsteinzeit** ist der Beginn unserer heutigen Lebensweise.

Über die Menschen in Alt-, → *Mittel-* und Jungsteinzeit forschen Archäologinnen und Archäologen. Weil es damals noch keine Schrift gab, nutzen Wissenschaftlerinnen und Wissenschaftler andere → **Quellen**: Überreste von Gebrauchsgegenständen, Nahrung und Behausungen. Auch die Knochen der Menschen verraten viel über ihr Leben. Jeder neue Fund kann unsere Vorstellung von der → *Geschichte* verändern.

Miriam Sénécheau

Quellen …	Darstellungen …
sind unmittelbare *Überreste* aus vergangenen Zeiten	sind *Erzählungen* über Geschichte
dazu zählen beispielsweise: • alte Funde und Bauwerke (gegenständliche Quellen) • alte Texte (schriftliche Quellen) • alte Bilder (bildliche Quellen) • mündliche Überlieferungen	dazu zählen beispielsweise: • Texte aus Sach- oder Jugendbüchern • Texte von Wissenschaftlerinnen und Wissenschaftlern oder Journalistinnen und Journalisten über Geschichte • Filme über Geschichte
Quellen stammen direkt aus der Vergangenheit, über die wir etwas wissen wollen.	Darstellungen berichten – oft auf der Grundlage von Quellen – was wir über die Vergangenheit wissen.

▲ **Quellen und Darstellungen**

Kartentipp:
Eine Karte zum Beginn von Ackerbau und Viehhaltung in Europa siehe unter Code **31511-01**.

6.2 Ägypten – eine frühe Hochkultur

ab ca. 3000 v. Chr.	Hochkultur in Ägypten

Die Lebensweise der Menschen im alten Ägypten unterschied sich von den Verhältnissen in der → *Jungsteinzeit* sowie vom Leben der Menschen in anderen Gebieten zur selben Zeit. Sie wurde vor allem vom Nil beeinflusst. Der große Fluss prägte den Lebensraum, die Grundlagen des Lebens und die Kultur entscheidend.

Die alten Ägypter bauten Dämme, Kanäle und Bewässerungssysteme. So wurde eine ertragreiche Landwirtschaft möglich. Der fruchtbare Boden konnte viele Menschen auf engem Raum ernähren und erbrachte Überschüsse für Notzeiten. Sie lernten, den Zeitpunkt der Nilschwemme zu berechnen, und entwickelten dazu einen Kalender. Ohne Astronomie, Geometrie und Mathematik war das alles nicht möglich. Seit etwa 3000 v. Chr. nutzten die alten Ägypter außerdem eine Schrift.

Dies alles sowie die Religion der Menschen im alten Ägypten und die → **Monarchie** (Alleinherrschaft) ihrer Pharaonen prägten die **Hochkultur → ab ca. 3000 v. Chr.**

Der → **Pharao** war sehr mächtig und herrschte allein. Er konnte über politische, gesellschaftliche und religiöse Angelegenheiten bestimmen, indem er Befehle gab oder Gesetze erließ. Die altägyptische Gesellschaft war hierarchisch gegliedert. Unter dem Pharao standen z. B. Priester und Beamte, dann folgten Handwerker und Bauern. Eine große Bedeutung hatte die Religion, der Glaube an viele Götter (Polytheismus) und an ein Leben nach dem Tode. Herrschaft und Religion bewirkten die Entstehung von außergewöhnlichen Bauwerken wie den → **Pyramiden** und auffallend schönen Kunstwerken, die wir noch heute bewundern.

Nadja Braun

▲ **Aufbau der altägyptischen Gesellschaft**
Schaubild

Kartentipp:
Eine Karte über Ägypten zur Zeit der Pharaonen siehe unter Code **31511-02**.

6.3 Die griechische Antike

5. Jh. v. Chr.	Blütezeit Athens

Die Landschaft auf der griechischen Halbinsel war gebirgig und zerklüftet. Große Flüsse gab es nicht, dafür viele Küsten. Hier entstand kein großes Reich wie in Ägypten, sondern es entwickelten sich ab dem 8. Jh. v. Chr. viele kleine Stadtstaaten. Jede → **Polis** versorgte sich größtenteils selbst und bestimmte ihre eigene Politik. Anfangs herrschte über die Polis nur ein Mann. Seine Alleinherrschaft (→ *Monarchie*) wurde vielerorts durch die Herrschaft mehrerer Adliger abgelöst: die → **Aristokratie**. Die Aristokraten regierten, beschützten ihre Polis oder zogen für sie in den Krieg. Sie besaßen auch das meiste Land. Die gemeinsame Vorstellung von einer Götterfamilie, die das Schicksal aller Griechen lenkt, trug zu einem Zusammengehörigkeitsgefühl bei. Überall wurden Tempel zu Ehren der Göttinnen und Götter errichtet. Mit Gebeten, Opfern, Umzügen (Prozessionen) und Wettkämpfen wie den Olympischen Spielen versuchte man, die Götter freundlich zu stimmen. Mythen und Epen wie die „Ilias" und die „Odyssee" des Dichters Homer erzählen vom Wesen und Handeln dieser griechischen Götter. Darüber hinaus suchten die Griechen Rat bei Orakeln. Bilder auf Keramikgefäßen und Statuen zeugen davon.

Viele Poleis gründeten zwischen dem 7. und 5. Jh. v. Chr. Tochterstädte rund um das Mittelmeer und das Schwarze Meer. Diese griechische → *Kolonisation* belegt zum einen, dass Menschen schon immer aus politischen, wirtschaftlichen und persönlichen Gründen

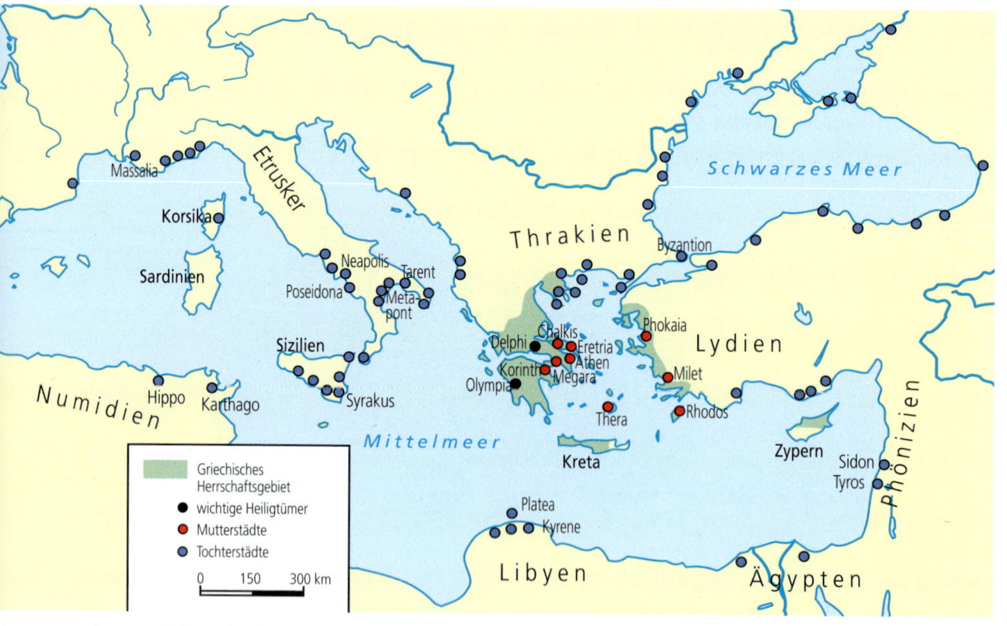

▲ **Wo viele Griechen sich zwischen dem 8. und 6. Jh. v. Chr. niederließen**

ihre Heimat verließen. Zum anderen trugen diese Wanderungsbewegungen (➔ **Migration**) dazu bei, die griechische Kultur der ➔ **Antike** über weite Teile Europas und Kleinasiens zu verbreiten. Sie legten die Grundlagen unserer europäischen Kultur.

In der Polis von Athen wurde ab dem 6. Jh. v. Chr. die Aristokratie schrittweise verdrängt. Bevölkerungswachstum, wirtschaftliche Ungerechtigkeiten zwischen dem ➔ *Adel* und den abhängigen Bauern sowie Kriege führten dazu, dass die freien Bürger Athens immer mehr Mitsprache in der Politik verlangten. Durch Solons Ratschläge kam es zu Veränderungen in der Wirtschaft und der Politik. Die freien Athener erhielten mehr Mitspracherechte, und zwar je nach ihrem Beitrag zum Nutzen aller – sei es durch Steuerleistung oder Militärdienst. Durch den Sieg der Griechen über die Perser wurde deutlich, wie wichtig jeder wehrhafte Bürger für die Verteidigung der Polis war. Alle, die Kriegsdienst leisteten, – jetzt auch die Ruderer der Trieren – konnten nun mitbestimmen und politische Ämter übernehmen. Diese „Herrschaft des Volkes" prägte die politische Ordnung (➔ **Verfassung**) Athens. Wir nennen sie ➔ **Demokratie**.

Einen Eindruck von der **Blütezeit Athens ➔ im 5. Jh. v. Chr.** liefert auch das Theater. Alles, was den Athenern politisch, religiös und im Zusammenleben miteinander wichtig war, stellten ihre Dichter in Theaterstücken dar. Das Theater hatte die Aufgabe, Denkanstöße zu geben sowie Lob und Kritik an den bestehenden Verhältnissen unter das Volk zu bringen. Noch heute werden viele Stücke von damals aufgeführt.

Mona Kilau und Dieter Brückner

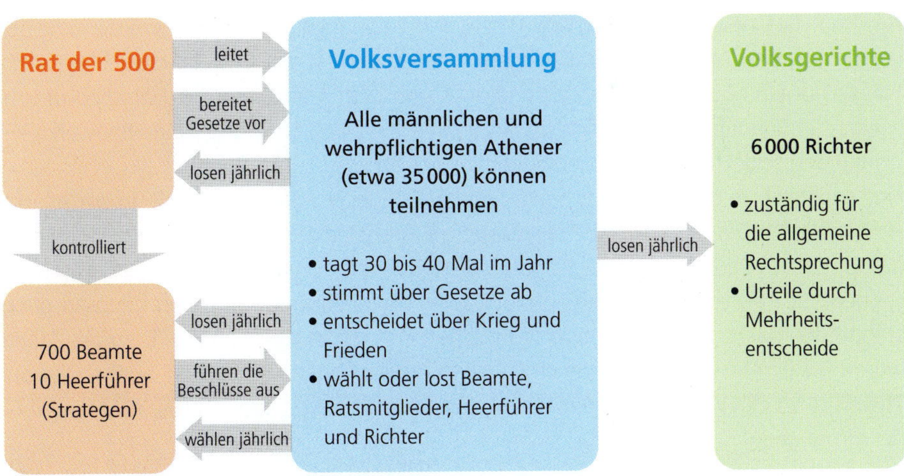

▲ **Die Verfassung der Polis Athen um 450 v. Chr.**

Kartentipp:
Eine animierte Karte zum Thema „Die Demokratie Athens im 5. Jh. v. Chr." siehe unter Code **31511-03**.

6.4 Menschen machen Geschichte

▲ **Hatschepsut**
Bemalter Kalksteinkopf aus dem 15. Jh. v. Chr.

▲ **Themistokles**
Römische Kopie einer griechischen Marmorbüste von 480/470 v. Chr.

▲ **Alexander der Große**
Römische Kopie einer griechischen Marmorbüste von 320 v. Chr.

Seit der → *Antike* wurden die Menschen vor allem von Männern regiert. Sie hatten die Macht oft von ihren Vätern geerbt und herrschten allein (→ *Monarchie*). Trotzdem waren sie immer auf Unterstützung angewiesen. Widerstand von einflussreichen Gegnern im Lande oder Bedrohung durch äußere Feinde konnten ihre Herrschaft einschränken oder beenden.

An den Ufern des Nil entwickelte sich ab 3000 v. Chr. eine frühe → *Hochkultur*: das alte Ägypten. Das riesige Reich, das aus Ober- und Unterägypten bestand, wurde in seiner langen → *Geschichte* fast immer von einem → *Pharao* regiert, der allein herrschte. Eigentlich konnte nur ein Mann Pharao werden, aber es gab auch Ausnahmen: → *Hatschepsut* war ein solcher Sonderfall. Sie regierte etwa 20 Jahre lang, ließ beeindruckende Bauwerke errichten und schickte Handelsexpeditionen ins Ausland.

Eine andere Form der Herrschaft entwickelte sich in der → *Polis* Athen im 5. Jh. v. Chr.: die → *Demokratie*. Der einflussreiche Staatsmann → *Themistokles* überzeugte seine Mitbürger davon, für den Kampf gegen die Perser eine starke Flotte zu bauen. Dank dieses Entschlusses besiegten die Athener mit ihren Verbündeten die feindlichen Perser. Der Kriegsausgang stärkte die Macht aller Bürger und schwächte den Einfluss des → *Adels*. Die Polis Athen wurde zur Großmacht. Die *kulturelle Blütezeit Athens* begann im → *5. Jh. v. Chr.* Obwohl Themistokles den Weg für die „Herrschaft des Volkes" bereitet hatte, verbannten die Athener ihn später.

Auf eine ganz andere Weise machte → *Alexander der Große* aus Makedonien Geschichte. Er erbte die Macht von seinem Vater und nutzte sie, um mit seinem Heer in wenigen Jahren einen Großteil der damals bekannten Welt zu erobern. Alexander der Große war ein kühner und rastloser Feldherr. Kritik und Widerstand schlug er allerdings oft mit gnadenloser Härte nieder. Sein erobertes Großreich war nicht von Dauer. Es zerfiel bald nach seinem Tod.

Nadja Braun, Elisabeth Demleitner und Susanne Mortensen

6.5 Das Imperium Romanum

753 v. Chr.	Mythische (der Sage nach) Gründung Roms
1. Jh. v. Chr.	Übergang Roms von der Republik zum Prinzipat (Kaiserzeit)
um Christi Geburt	Zeitalter des Augustus

Forschende der Archäologie und ➜ *Geschichte* gehen heute davon aus, dass seit dem 11. Jh. v. Chr. Latiner und Sabiner auf dem Palatin siedelten. Den Menschen im alten Rom war – ähnlich wie den Griechen – der Gründungsmythos ihrer Stadt wichtiger. Sie führten die Herkunft Roms auf Romulus und Remus zurück. Dazu legten sie ein Gründungsdatum fest. Nach unserer Zeitrechnung fand die **mythische Gründung Roms** am 21. April ➜ **753 v. Chr.** statt. Dieser Gründungsmythos verlieh der Stadt besondere Bedeutung und stärkte den Stolz und das Selbstbewusstsein ihrer Einwohnerinnen und Einwohner.
Im 6. Jh. v. Chr. beendeten die Römer die etruskische Königsherrschaft. Rom wurde eine ➜ **Republik**, in der sich die Magistrate, allen voran die Konsuln, der ➜ **Senat** und die Volksversammlung die Macht teilten und gegenseitig kontrollierten. In diesen Gremien gab eine kleine reiche Oberschicht, die Nobilität, den Ton an. Ihr war die Masse der Plebejer wirtschaftlich, gesellschaftlich und politisch untergeordnet.
Diese politische Ordnung bestand fast 500 Jahre. Im 1. Jh. v. Chr. kam es zu einer Krise der Republik. Sie war beeinflusst von der großen Ausdehnung des Reiches und geprägt von Machtkämpfen ehrgeiziger Feldherren. Ihren Höhepunkt fand die Krise in der Diktatur ➜ **Caesars** (➜ **Diktator**). Auch wenn Caesars Nachfolger und Erbe ➜ *Augustus* vorgab, die Republik wiederhergestellt zu haben, hatte er in Wahrheit eine ➜ *Monarchie* errichtet.

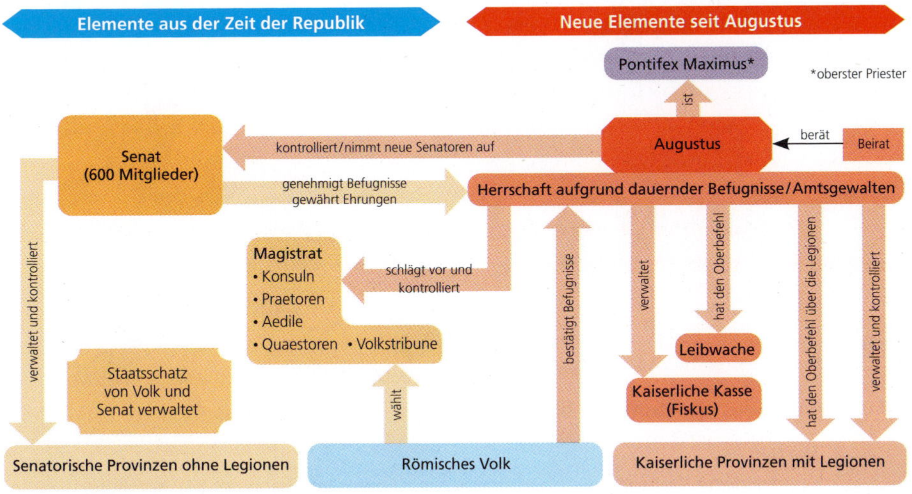

▲ **Die römische Verfassung unter Augustus**

Das **Zeitalter des Augustus** → **um Christi Geburt** stellt im → **1. Jh. v. Chr. den Übergang von der Republik zum** → **Prinzipat (Kaiserzeit)** dar. Fortan war die Macht nicht mehr auf viele verteilt, sondern lag allein in den Händen eines Mannes: des → *Kaisers*.

In vielen Kriegen hatten die Römer ihre Macht zunächst auf ganz Italien, dann auf das gesamte Mittelmeergebiet und schließlich auf weitere Teile Europas, Nordafrikas und Vorderasiens ausgedehnt. Grundlage für diese gewaltige Expansion war das Militär. Die Soldaten eroberten nicht nur neue Länder. Sie sicherten auch das Reich, errichten an den Außengrenzen den → **Limes** und leisteten einen großen Beitrag zur → **Romanisierung** der neuen → **Provinzen**. So entstanden auch im Gebiet des heutigen Bayern die ersten Straßen und Städte mit Theatern, Bädern, Wasserleitungen und einem Kanalisationssystem.

Die Römer verehrten viele Gottheiten und waren tolerant gegenüber fremden Religionen. Das änderte sich in der Kaiserzeit. Menschen christlichen oder jüdischen Glaubens, die sich weigerten, die römischen Kaiser zu verehren, wurden verfolgt. Während das → **Judentum** mit Jerusalem sein religiöses Zentrum im 1. Jh. n. Chr. verlor und die Jüdinnen und Juden seitdem noch verstreuter lebten, wurde das → **Christentum** im 4. Jh. n. Chr. von den Römern zur Staatsreligion gemacht. Durch die Römer wurde Europa christlich. Die Römer prägten unsere Kultur, unsere Sprache und unsere Rechtsvorstellungen – und bis heute finden wir noch überall ihre Spuren.

Susanne Mortensen

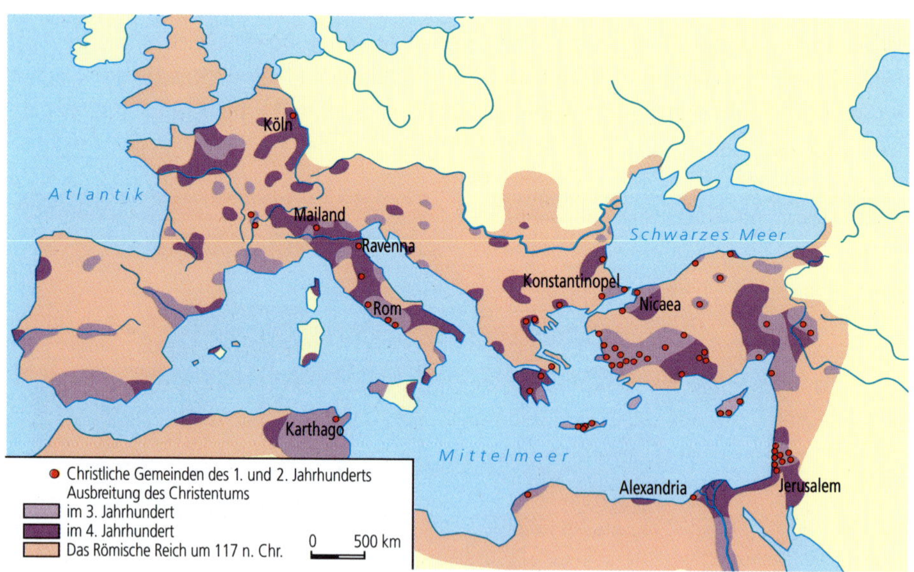

▲ **Ausbreitung des Christentums bis ins 4. Jh.**

Kartentipp:

Eine animierte Karte von der Gründung Roms bis zum Untergang des Weströmischen Reiches siehe unter Code **31511-04**.

6.6 Von der Antike zum Mittelalter

um 500	Reichsbildung der Franken. Die fränkischen Stämme vereinigten sich und bildeten ein stabiles, christlich geprägtes fränkisches Reich, in dem sich germanische und römische Elemente verbanden.
800	Krönung Karls des Großen zum Kaiser in Rom

Für das Ende der → *Antike* und den Beginn des → **Mittelalters** lässt sich weder ein genauer Zeitpunkt noch ein einzelner Grund nennen. Begann das Ende des → *Imperiums* mit dem Einfall der Hunnen in das Reich (375), mit der Teilung in ein Oströmisches und ein Weströmisches Reich (395)? Waren innere Machtkämpfe der Heerführer verantwortlich für den Zerfall des Imperiums oder die vielen Kriege zur Verteidigung der Grenzen des großen Reiches? Welche Bedeutung kam der sogenannten „Völkerwanderung" zu – also der → *Migration* von Angehörigen unterschiedlicher germanischer Völker? Sie waren von den Römern angeworben worden, vor Feinden in das Römische Reich geflohen oder hatten sich dort wegen der besseren Lebensverhältnisse dauerhaft niedergelassen. Einige Männer germanischer Herkunft waren aufgestiegen, hatten Anhänger um sich gesammelt und innerhalb des → *Imperium Romanum* neue Reiche gegründet. Als 476 ein germanischer Heerführer den weströmischen → **Kaiser** absetzte, bedeutete das das politische Ende des Weströmischen Reiches. Daran konnte auch der oströmische Kaiser in Konstantinopel nichts mehr ändern, obwohl er versuchte, die Einheit des Imperium Romanum wiederherzustellen.

▲ **Karl der Große**
Vorder- und Rückseite einer nach römischem Vorbild geprägten Silbermünze, 813/814

Im Westen des Römischen Reiches hatten im 5. Jh. die Truppen des fränkischen Heerführers Chlodwig aus dem Geschlecht der Merowinger die römische Herrschaft beendet. Chlodwig fand die Unterstützung des → *Papstes*,

▲ **Die Mittelmeerwelt um 800**

wurde christlicher → **König** und ließ sich taufen. Unter ihm vereinigten sich die fränkischen Stämme und bildeten zu Beginn des Mittelalters → **um 500** ein stabiles, christlich geprägtes **Reich der Franken**, in dem sich germanische und römische Elemente verbanden. Aus diesem Reich ging im 8. Jh. die Würde der Könige von den Merowingern auf die Karolinger über. Seine größte Ausdehnung und Macht erreichte das Reich der Franken unter → **Karl dem Großen**. Der Karolinger hatte den Papst gegen Feinde unterstützt und dafür dessen Anerkennung gefunden. Weihnachten → **800 wurde Karl der Große vom Papst zum (weströmischen) Kaiser gekrönt**.

Neben dem byzantinischen (östlichen) und dem abendländischen (westlichen) Kaisertum gab es auf der arabischen Halbinsel eine weitere Macht: den von → *Mohammed* gegründeten → **Islam**. Mohammeds Nachfolger dehnten ihre Herrschaft von Asien über Nordafrika bis Spanien aus. Die Folge dieser Entwicklungen war die sogenannte „Dreiteilung der Mittelmeerwelt".

Rainer Bach

Kartentipp:
Eine animierte Karte zu den Wanderungsbewegungen in der Spätantike und dem frühen Mittelalter siehe unter Code **31511-05**.

6.7 Leben in der Familie – damals und heute

In der → *Antike* zeigen sich viele Unterschiede zu unserem heutigen Familienleben: Die Menschen im alten Griechenland besaßen kein Wort für die Familie. In einer → *Polis* wie Athen bildete die Hausgemeinschaft, der Oikos, die Basis des Zusammenlebens. Hier führte normalerweise der Familienvater alle Geschäfte außerhalb des Hauses. Seine Ehefrau überwachte die Arbeiten im Haus und die Erziehung der Kinder. Politische Rechte hatte sie nicht. Sie standen gar nicht zur Diskussion – auch nicht zur Zeit der → *Demokratie* während der *Blütezeit Athens im* → *5. Jh. v. Chr.*

Ähnlich wie bei den Griechen umfasste die *familia* in römischer Zeit einen sehr viel größeren Personenkreis als in einer heutigen Familie: Zur *familia* gehörten alle, die der Macht des *pater familias* (Vater der Familie) unterstanden. Das waren neben den Verwandten auch → *Sklaven* und Freigelassene. Der *pater familias* bildete das Bindeglied zwischen seiner familia und dem Staat. Wie in Athen diente auch in Rom die Ehe vor allem dazu, für rechtmäßige männliche Erben zu sorgen.

Während *Roms Übergang von der* → *Republik zur Kaiserzeit im* → *1. Jh. v. Chr.* wurde eine neue Form der Ehe üblich, bei der die Ehefrau auch nach der Hochzeit der Macht ihres Vaters unterstand. Kam es zur Scheidung, kehrte sie mit ihrem Vermögen in dessen *familia* zurück. Weil in der Zeit der Bürgerkriege die Zahl der Eheschließungen zurückging, wurden im Zeitalter des → *Augustus* (um Christi Geburt) strenge Ehegesetze erlassen. Augustus wollte damit den Zusammenhalt der neuen Nobilität stärken und für ausreichend Soldaten sorgen. An politische Rechte für Frauen wurde auch hier zu keiner Zeit gedacht.

Anders als in der Antike gibt es heute in den demokratischen Staaten Europas kaum mehr festgelegte Rollen für Frauen und Männer in der Familie. Mütter und Väter haben in Deutschland die gleichen Rechte und Pflichten. Kinder haben grundlegende Rechte, die ihnen durch Gesetze garantiert werden. Außerdem bestehen Familien heute nicht nur aus Vater, Mutter und gemeinsamen Kindern, wie es noch vor wenigen Jahrzehnten der Normalfall war. Mittlerweile gibt es eine bunte Vielfalt möglicher Familienformen, die von der klassischen Kleinfamilie über Alleinerziehende bis zu Patchwork- und Regenbogenfamilien reicht. Auch wenn die Familie nach wie vor der Kern unserer Gesellschaft ist, gibt es heutzutage zudem viele Singles, also Menschen, die ohne einen festen Partner und ohne Kinder leben. Diese Vielfalt an Lebensformen war in der Antike undenkbar. Ohne Haus- und Wirtschaftsgemeinschaft (*Oikos*) bzw. *familia* konnte man damals kaum überleben.

Elisabeth Demleitner und Marcus Gerber

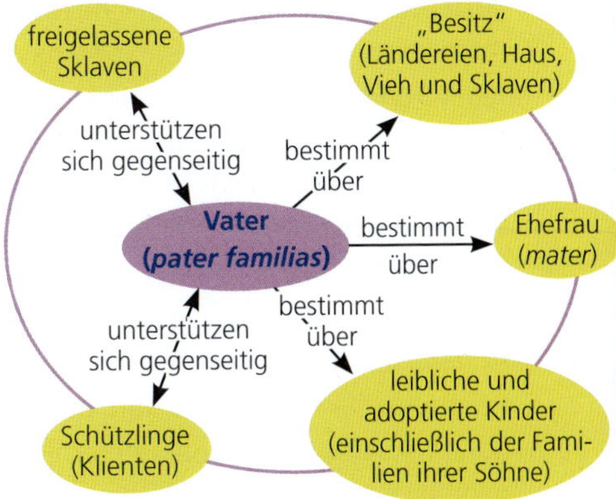

▲ **Die Macht des „pater familias"**

Jahrgangsstufe 7: Vom Mittelalter zum Absolutismus

7.1 König und Reich: Herrschaft im Mittelalter

962	Kaiserkrönung Ottos des Großen

Das „Deutsche Reich" entstand im 10. Jh. in der Osthälfte des Reiches → *Karls des Großen*. Karls Nachfolger hatten sich jahrzehntelang um dessen Erbe gestritten. Dies führte zur Teilung des Reiches. Im Ostteil konnten sich die schwachen → *Könige* aus der Familie der Karolinger nicht mehr gegen die immer stärker werdenden Herzöge durchsetzen. Am Beginn des 10. Jhs. wählten die Herzöge keinen Karolinger mehr, sondern mit *Heinrich I.* einen aus ihrem Kreis zum König. Der westfränkische König erkannte förmlich an, dass damit ein neues, unabhängiges Königreich entstanden war.
In diesem Reich bildeten sich typische Machtverhältnisse und Herrschaftsweisen heraus, die während des gesamten → *Mittelalters* in ihren Grundzügen erhalten blieben.
Seit der **Kaiserkrönung Ottos des Großen → 962** in Rom war der König des Ostfränkischen oder „Deutschen Reiches" auch → *Kaiser* auf dem Gebiet des ehemaligen Weströmischen Reiches. Damit war er nicht nur Beschützer der Reichskirche, sondern er erhob auch den Anspruch, über allen anderen europäischen Herrschern zu stehen.
Gerechtfertigt wurde die Herrschaft des Königs (und Kaisers) nicht nur durch Geburt und Wahl, sondern durch die Vorstellung, dass die → *Monarchie* die von Gott gewollte Regierungsform sei und der Monarch seine Macht daher im Auftrag Gottes ausübte. Im 10. und 11. Jh. galt der König als von Gott direkt eingesetzter Stellvertreter Gottes und nach damaligem Verständnis als Geistlicher. Im → **Investiturstreit** setzten die → *Päpste* durch, dass der König keine → *Bischöfe*, Äbtissinnen und Äbte oder gar Päpste in ihr Amt einsetzen durfte. Seit diesem Machtkampf war der König kein Geistlicher mehr, er verlor die Kontrolle über die Reichskirche und das Papsttum wurde gegenüber dem König- und Kaisertum gestärkt. Geistliche und weltliche Macht begannen sich voneinander zu trennen.
Auch wenn ein König einen Sohn hatte, wurde dieser nicht automatisch sein Nachfolger: Jeder König musste von den Fürsten gewählt werden, unter denen die besonders mächtigen und vornehmen besonderes Gewicht hatten. Dieses Gewohnheitsrecht wurde 1356 im Reichsgesetz, der sogenannten → *„Goldenen Bulle"*, bestätigt und präzisiert: Der König wurde innerhalb eines Jahres von der Mehrheit der sieben → **Kurfürsten** gewählt.
Das „Deutsche Reich" hatte keine Hauptstadt. Um es regieren und kontrollieren zu können, zog der Herrscher einerseits mit seinem Gefolge ständig umher (Reisekönigtum). Andererseits beauftragte er Herzöge, Grafen, Markgrafen und Bischöfe in den einzelnen Reichsgebieten, die Herrschaft dort in seinem Namen auszuüben. Sie alle zählten zum hohen → **Adel**. Zur Belohnung erhielten die Adligen dafür Grundbesitz, Rechte und Einnahmen des Reiches vom König: sogenannte Lehen. Dafür waren sie es ihm schuldig, ihn zu beraten und ihn treu zu unterstützen.

Dieses → **Lehnswesen** wurde aber auch die Grundlage für den Aufstieg mächtiger Adliger. Sie behandelten die ihnen eigentlich auf Zeit übertragenen Lehen wie ihren Besitz und schufen große zusammenhängende Herrschaftsgebiete, sogenannte Territorien, in denen sie als Landesherren wie „ungekrönte Könige" eine beinahe unumschränkte Herrschaft ausübten. Die Folge war die Territorialisierung: Der König und Kaiser war zwar nach wie vor Oberhaupt des Reiches, aber der größte Teil des Reiches und damit die Mehrzahl seiner Bewohnerinnen und Bewohner lebte unter der Herrschaft mächtiger Fürsten.

Insgesamt verlor der König und Kaiser im Laufe des Mittelalters Macht und Befugnisse an die Kirche und an den Adel. Trotzdem konnte sich niemand vorstellen, dass das Reich keinen Monarchen an seiner Spitze mehr haben könnte.

Dieter Brückner

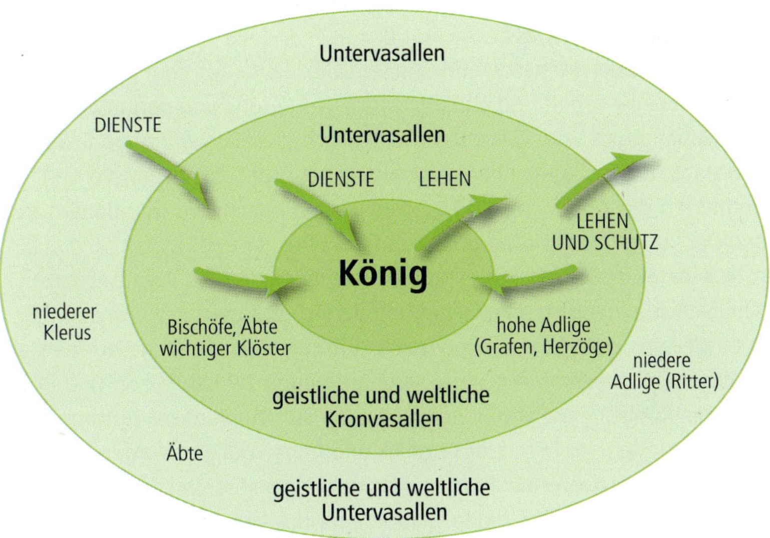

▲ **Lehnswesen**
Das Schaubild stellt die Verhältnisse vereinfacht dar.

Kartentipp:
Eine Karte zu Europa um 1000 siehe unter Code **31511-06**.

7.2 Leben und Kultur im Mittelalter

um 1200	Kulturelle Blüte zur Zeit der Staufer

Die mittelalterliche Gesellschaft gliederte sich in drei → **Stände**: die Geistlichkeit, den → *Adel* und den Dritten Stand, dem Bauern und die → **Bürger** der Städte angehörten. Diese Ordnung wurde als von Gott gewollt und daher unveränderlich dargestellt. Jeder kam durch Geburt in seinen Stand, Geistliche durch ihre Weihe. Die Stände hatten unterschiedliche Rechte. Jeder Stand erhielt oder erwirtschaftete seinen Lebensunterhalt auf eine andere Art und entwickelte seine eigene Lebensweise.

Frei war nur, wer Grundbesitz hatte. Grundlage für die Macht von → *König*, Adel und Kirche war großer Grundbesitz. Das Land bewirtschafteten unfreie Hörige, die ihren Grundherren Abgaben und (Fron-)Dienste leisten mussten. Die Grundherren waren zugleich Gerichtsherren ihrer Hörigen. Diese umfassende „Herrschaft über Land und Leute" nennt man → **Grundherrschaft**.

Die große Mehrheit der Menschen im → *Mittelalter* lebte auf dem Land. Ihr Alltag war geprägt von schwerer Arbeit und abhängig vom Wetter und von den Jahreszeiten. Durch technische Neuerungen und durch die Dreifelderwirtschaft stiegen die Erträge. Um die Landbevölkerung dafür zu gewinnen, neues Land fruchtbar zu machen, verringerten manche Grundherren die Abgaben und Frondienste und gestanden den Bauern in neu gegründeten Dörfern größere Selbstverwaltung zu.

In einem → **Kloster** lebten Mönche und Nonnen in persönlicher Armut, Ehelosigkeit und Gehorsam. Sie widmeten sich dem Gebet und der Arbeit sowie dem Dienst für die Armen. Sie pflegten die lateinische Sprache und boten künftigen Mönchen und Nonnen, aber auch Kindern adliger Familien eine Art Schulbildung. In ihren Schreibstuben und Bibliotheken pflegten sie die Schreibkunst und überlieferten die Schriften antiker Autoren.

Aus Kämpfern zu Pferd im Dienst des Königs und hoher Adliger wurden die → *Ritter*. Sie verwalteten ihren Besitz von ihren Burgen aus. Auch wenn ihre Wirklichkeit oft ganz anders aussah, traten sie als Kämpfer für den Glauben, für das Gute und für die Schwachen auf. An den Höfen des Königs und des hohen Adels wurden bei Festen und Turnieren „ritterliche" und „höfische = höfliche" Lebensart und Umgangsformen gezeigt. Ritterliche Ideale wurden auch in den Ritterromanen der Zeit und in Gedichten verherrlicht. Die Zeugnisse des höfischen Lebens zur Zeit der Könige und → *Kaiser* aus der Familie der → *Staufer* (ca. 1150 bis 1250), die Literatur, aber auch die erhaltenen Bauwerke im Stil der → *Romanik* und → *Gotik* lassen uns von einer **kulturellen Blüte zur Zeit der Staufer → um 1200** sprechen.

Könige, Fürsten und → *Bischöfe* gründeten als Stadtherren zahlreiche Städte. Das hier geltende → **Stadtrecht** garantierte den Bürgern besondere Privilegien wie z. B. das Markt- und Zollrecht. Die reichen und angesehenen Bürger erhielten das Recht, Ratsherren und Bürgermeister zu wählen und die Stadt selbst zu verwalten. Erst im 14./15. Jh. erkämpften sich in einigen Städten auch die Handwerksmeister ein Recht zur Mitbestimmung. Ihren Lebensunterhalt erwarben die Stadtbürger überwiegend durch Handwerk und Handel. Daher gehörte der Marktplatz neben Kirche, Rathaus und Stadtmauer zu den typischen Kennzeichen einer mittelalterlichen Stadt, die man oft auch noch heute sehen kann.

Seit den ➜ *Kreuzzügen* änderte sich das Zusammenleben zwischen den Menschen christlichen und jüdischen Glaubens (➜ *Christentum*; ➜ *Judentum*). Seit Anfang des 16. Jhs. zwang man die jüdische Gemeinschaft in manchen Städten, im ➜ **Ghetto** zu leben, in einem durch Tore und Mauern abgetrennten Wohnviertel.

Dieter Brückner

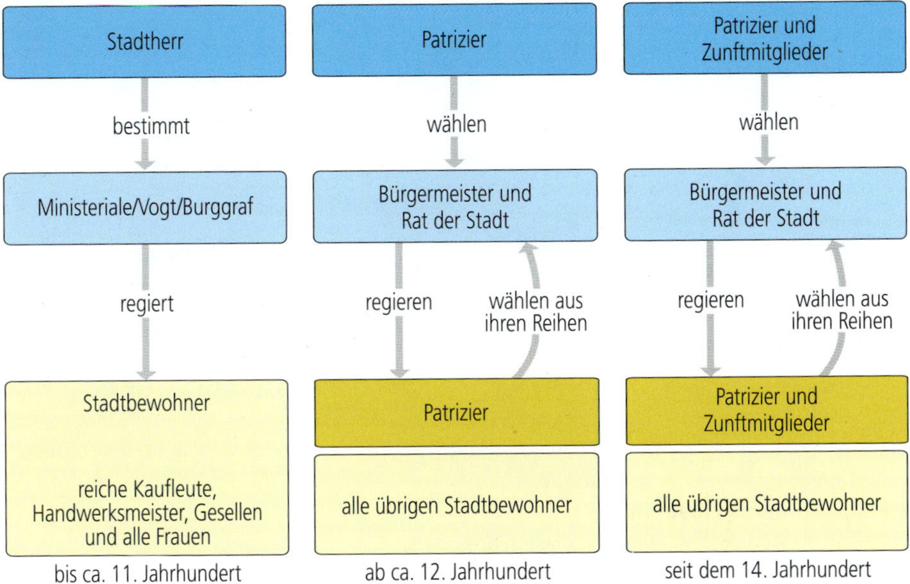

▲ Städtische Regierungen im Wandel
Nicht überall regierten seit dem 14. Jh. – wie die Grafik zeigt – vornehme Kaufleute (➜ *Patrizier*) und wohlhabende Handwerkmeister (Zunftmitglieder) gemeinsam. Nur in wenigen Städten wie Augsburg konnten die ➜ *Zünfte* auch weitgehend allein regieren.

7.3 Neue räumliche und geistige Horizonte

1453	Eroberung Konstantinopels durch die Osmanen und dadurch Ende des Oströmischen Reiches
1492	„Entdeckung" Amerikas durch Kolumbus

▲ **Erster Kreuzzug (1096-1099)**
Die Karte nennt die vier Anführer des Ersten Kreuzzuges.

Die Eroberung der Heiligen Stätten in Palästina durch die Muslime veranlasste die → *Päpste*, → **Kreuzzüge** auszurufen. Nach dem Ersten Kreuzzug errichteten Fürsten in Palästina sogenannte Kreuzfahrerstaaten. Sie mussten Ende des 13. Jhs. wieder aufgegeben werden. In den Kreuzfahrerstaaten begegneten sich → *Christentum* und → *Islam*. Die wachsenden Handelsbeziehungen trugen zu Kulturkontakten bei. Darüber hinaus fanden vor allem auf der Iberischen Halbinsel und in Süditalien intensive Kulturkontakte zwischen Menschen christlichen, jüdischen und muslimischen Glaubens statt. Einen Wendepunkt der Beziehungen zwischen ihnen stellte die **Eroberung Konstantinopels → 1453 durch die Osmanen** dar. Seitdem galt Europa als von den Muslimen bedroht.
Von Italien ging Mitte des 14. Jhs. eine kulturelle Bewegung aus, die wir → **Renaissance** nennen. Die Kunst und Architektur der → *Antike* wurde wiederentdeckt. Gelehrte lernten von antiken Vorbildern und verbreiteten ihr Wissen. Man nannte sie Humanisten. Das Welt- und Menschenbild änderte sich. Experiment und Beobachtung wurden Maßstäbe des Wissens – nicht mehr der Glaube.

▲ **„Kolumbus, als er in India erstlich angekommen…"**
Kolorierter Kupferstich von 1594 (Ausschnitt)
Die Illustration stammt aus einem von dem Frankfurter Verleger und Kupferstecher Theodor de Bry herausgegebenen Werk. Es handelt sich um ein Fantasiebild, das man sich nach der Lektüre der Reiseberichte gemacht hat.

Weil Waren aus dem Orient und Asien in Europa sehr begehrt waren, ihr Transport über Land aber unsicher und teuer war, suchten die am Mittelmeer gelegenen Länder nach neuen Seewegen in den Fernen Osten. Außerdem wollten die christlichen Herrscher den muslimischen Einfluss zurückdrängen und missionieren. Mit diesen Zielen segelte → **Kolumbus** auf dem Atlantik nach Westen. Er **„entdeckte"** → **1492 Amerika**.

In Süd- und Mittelamerika wurden aus Entdeckern Eroberer und Kolonialherren (→ *Kolonisation*). Sie zerstörten die alten Kulturen der Inka, Maya und Azteken und zwangen der indigenen Bevölkerung ihre Lebensweise und Religion auf.

Die Europäer hatten nicht nur den Weg nach Amerika neu „entdeckt", sondern auch Afrika umrundet und die ganze Welt umsegelt. Im 16./17. Jh. weiteten sie ihren Einfluss auf Asien, Afrika und Amerika aus und trugen so zu einer Europäisierung der Welt bei.

Angesichts der neuen räumlichen und geistigen Horizonte prägten Ende des 15. Jhs. humanistische Gelehrte den Begriff → *Mittelalter*. Sie kennzeichneten damit die 1 000 Jahre zwischen dem Ende der Antike und ihrer Wiederentdeckung als eine Art „Zwischenzeit". Ihre eigene Epoche erklärten sie zur → **Neuzeit**.

Wolfgang Hofmann

Kartentipp:
Eine animierte Karte über Christoph Kolumbus' erste Entdeckungsreise siehe unter Code **31511-07**.

7.4 Wirtschaft und Handel – gestern und heute

▲ **Wirtschaft und Handel – gestern und heute**

Wo über Grenzen hinweg gehandelt wird, lernen Menschen fremde Kulturen kennen. Für die Menschen im alten Rom begann zwar die unkultivierte Welt jenseits des → *Limes*, doch das hielt sie nicht davon ab, zu ihrem Vorteil über ihn hinweg Handel zu treiben. Sie kauften und verkauften, was ihnen nutzte, und leisteten damit zugleich einen Beitrag zur → *Romanisierung* der Völker, die nicht in ihren → *Provinzen* lebten.

China war Europa in der Zeit des europäischen → *Mittelalters* technisch, wirtschaftlich und kulturell weit überlegen. Aber → *Bürger* und → *Stadtrechte* kannte man in dem „Reich der Mitte" nicht.

Arabische, jüdische und christliche Fernkaufleute handelten seit der → *Antike* mit wertvollen Waren wie Seide aus China, aber das Interesse an China blieb, sieht man von wenigen Reiseberichten ab, bis zum Zeitalter der europäischen Expansion gering. Auch die Chinesen interessierten sich kaum für Europa. Obwohl China Anfang des 15. Jhs. die technischen und militärischen Möglichkeiten hatte, dehnte es seinen Einfluss nicht auf Europa aus.

Der europäische Seehandel konzentrierte sich bis zum Beginn der ➔ *Neuzeit* auf den Mittelmeerraum und auf die Nord- und die Ostsee. Den zuletzt genannten Bereich prägte die ➔ *Hanse*, ein internationaler Städtebund, der aus dem Zusammenschluss von Kaufleuten hervorgegangen war. Auf der Grundlage gemeinsamer Rechte und Pflichten handelten die Mitglieder der Hanse – wenn notwendig sogar mit Gewalt. Ihren Einfluss verlor sie allmählich vor allem durch die Verlagerung des Handels auf den Atlantik.

Das Familienunternehmen der Fugger aus Augsburg kann exemplarisch für die neue Wirtschaftsweise stehen: den Frühkapitalismus (➔ *Kapitalismus*). Die Fugger führten zunächst Handwerk und Handel zusammen, bauten ein internationales Handelsnetz auf, investierten ihre Gewinne z. B. in den Abbau von Gold, Silber und Kupfer, errichteten Monopole und verliehen Geld an Fürsten und Päpste. Das machte sie in ihrer Stadt, im Reich und in Europa politisch und gesellschaftlich sehr einflussreich. Mit dem Bau der Fuggerei in Augsburg errichteten sie die erste Sozialsiedlung der Welt. Sie besteht noch heute.

Heute versucht der Warenhandel, alle Grenzen zu überwinden. Dafür stehen der weltweite Warenaustausch und internationale Handelsabkommen. Der Aufstieg Chinas zur weltweit führenden Wirtschaftsmacht wäre ohne den Handel nicht möglich gewesen.

Anna Klebensberger

▲ Das Handelsnetz der Fugger zu Beginn des 16. Jhs. (Auswahl)
Von Lissabon aus waren die Fugger in Südamerika, von Venedig aus auch in Fernost aktiv.

Kartentipp:
Eine Karte zum Wirtschaftsraum der Hanse siehe unter Code **31511-08**.

7.5 Das konfessionelle Zeitalter

1517	Beginn der Reformation
1618-1648	Dreißigjähriger Krieg

Der Kirche wurde im Spätmittelalter vorgeworfen, sie missbrauche ihre Macht und lebe in Luxus, statt sich um das Seelenheil der Menschen zu kümmern. → **Luther** wurde zum Wortführer der Kirchenkritiker. Seine Thesen gegen den → *Ablasshandel* markierten → **1517** den **Beginn der → Reformation**. Luther machte die Heilige Schrift zum alleinigen Maßstab seiner Lehre und erklärte selbstbewusst, in Glaubensfragen können auch → *Papst* und Konzile irren. Als er seine Lehre nicht widerrief, schloss der Papst den Mönch Luther aus der Kirche aus (→ *Bann*), danach erklärte → *Kaiser* → *Karl V.* ihn und seine Anhänger für „vogelfrei" (→ *Reichsacht*). Mithilfe des um 1450 von → *Gutenberg* erfundenen Buchdrucks konnten Luther und seine Anhänger die neue Lehre schnell und umfassend verbreiten.

1524 brachen erneut Aufstände der ländlichen und städtischen Unterschichten wegen schlechter Lebens- und Arbeitsbedingungen aus. Diesmal beriefen sich die Anführer auf Luther und die Heilige Schrift. Die Konflikte weiteten sich zum sogenannten „Bauernkrieg" aus. Mit Söldnerheeren schlugen die Fürsten die regionalen Erhebungen nieder. Herausgefordert durch die Reformation veränderte sich auch die katholische Kirche. Das Konzil von Trient legte verbindliche Glaubensaussagen neu fest. Darüber hinaus versuchte der Papst, mit dem Kaiser sowie anderen katholischen Herrschern die Einheit der Christenheit gewaltsam wiederherzustellen.

Ohne Erfolg. Im → *Augsburger Religionsfrieden* von 1555 wurde die Spaltung der Christenheit bestätigt. Die Landesherren bestimmten von nun an die → *Konfession* ihrer Untertanen. Die von Luther ins Leben gerufene Bewegung spaltete sich. Die Konfessionen verhielten sich untereinander intolerant. Zahlreiche Glaubenskriege waren die Folge. Der **Dreißigjährige Krieg von → 1618 - 1648** ist ein Beispiel dafür: Er entwickelte sich aus einem regionalen Konflikt in Böhmen. In ihm ging es um konfessionelle Gegensätze und politische Macht. Während der Habsburger Kaiser seine Macht ausdehnen und die Einheit des → *Christentums* wiederherstellen wollte, versuchten die Reichsstände, ihre politische und konfessionelle Selbstständigkeit zu sichern und zu erweitern. Andere europäische Mächte wie Schweden und Frank-

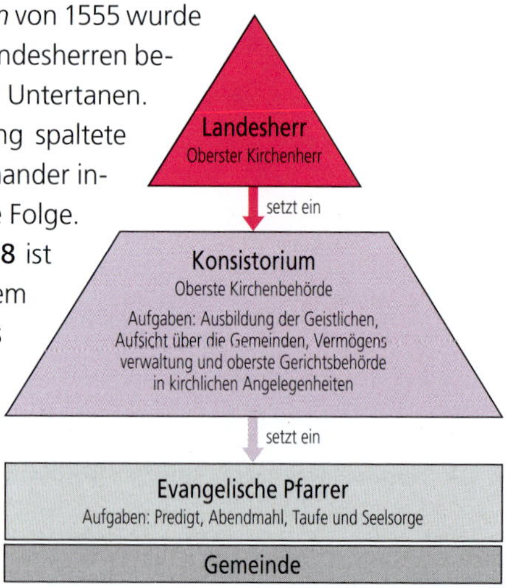

Landesherr
Oberster Kirchenherr
setzt ein
Konsistorium
Oberste Kirchenbehörde
Aufgaben: Ausbildung der Geistlichen, Aufsicht über die Gemeinden, Vermögensverwaltung und oberste Gerichtsbehörde in kirchlichen Angelegenheiten
setzt ein
Evangelische Pfarrer
Aufgaben: Predigt, Abendmahl, Taufe und Seelsorge
Gemeinde

▲ **Aufbau der evangelisch-lutherischen Landeskirche**

reich unterstützten die rivalisierenden Mächte mit Geld und Soldaten, um das Reich zu schwächen und ihre Vormachtstellung auszubauen. Vor allem für die Bewohnerinnen und Bewohner des ➔ *Heiligen Römischen Reiches Deutscher Nation* war der Krieg eine Katastrophe. Die Bevölkerungsverluste betrugen bis zu vier Millionen Menschen.
Nach jahrelangen Vorbereitungen konnte 1648 in Münster und Osnabrück der ➔ **Westfälische Friede** geschlossen werden. Er legte einerseits die Grundlage einer neuen europäischen Staatenordnung fest und ordnete andererseits die ➔ *Verfassung* des Reiches neu. Das Heilige Römische Reich Deutscher Nation bestand fortan aus politisch und konfessionell selbstständigen Reichsständen, deren Oberhaupt der Kaiser blieb. Dieses Reichsgrundgesetz blieb bis ➔ *1806* gültig.

Klaus Dieter Hein-Mooren

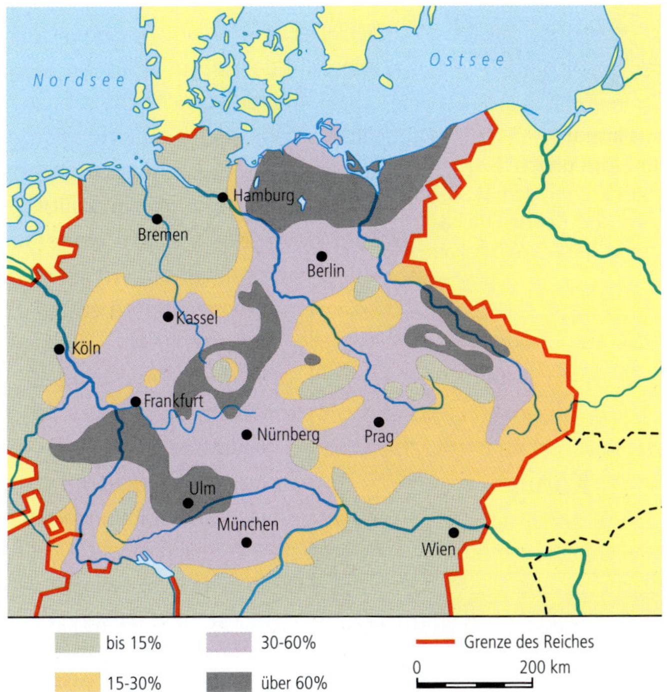

▲ Bevölkerungsverluste im Dreißigjähren Krieg
Schätzungen gehen davon aus, dass vor dem Dreißigjähren Krieg (➔ *1618-1648*) rund 20 Millionen und nach dem Krieg etwa 16 bis 17 Millionen Menschen im ➔ *Heiligen Römischen Reich Deutscher Nation* lebten.

Kartentipp:
Eine Karte zu den reformatorischen Bekenntnissen im 16. Jh. siehe unter Code **31511-09**.

7.6 Absolutismus und Barock

17./18. Jh.	Absolutismus in Europa

▲ **„Nec pluribus impar" („Keiner kommt ihm gleich")**
Schaumünze von 1672 mit dem Wahlspruch → *Ludwigs XIV.*, der den Beinamen *„Sonnenkönig" (Roi-Soleil)* bekam.

Der französische → *König* → *Ludwig XIV.* regierte Frankreich und prägte im → **17./18. Jh.** den → **Absolutismus in Europa**. Mittelpunkt seiner Herrschaft wurde das Schloss Versailles. Der Ausbau der Verwaltung und ein stehendes Heer stützten die Herrschaft des Monarchen (→ *Monarchie*). Seine Wirtschaftspolitik förderte Handel und Gewerbe, um die Staatseinahmen zu erhöhen. Der → *Merkantilismus* war nur bedingt erfolgreich, da die Ausgaben für Kriege, Schlösser und Hofhaltung gleichzeitig stiegen. Die Vertreter der → *Stände* (Klerus, Adel und Bürgertum) hatten keine Interessenvertretung und Mitbestimmungsmöglichkeit mehr. Außenpolitisch strebte der französische König eine → **Hegemonie** auf dem Kontinent an. Im Spanischen Erbfolgekrieg scheiterten er und der bayerische → *Kurfürst* Max II. Emanuel am Widerstand der mit England verbündeten Staaten. Sie stellten das Machtgleichgewicht (engl. *balance of power*) auf dem europäischen Kontinent wieder her. Max II. Emanuel aus dem Hause Wittelsbach erhielt 1714 Rang und Besitz zurück, die er nach der Schlacht bei Höchstädt 1704 verloren hatte.

Die europäischen Fürsten übernahmen den von Italien ausgehenden neuen Kunststil: den → *Barock*. Er prägte nicht nur die Schloss- und Parkanlagen der Fürsten, sondern auch zahllose Kirchenbauten und Kunstwerke.

Dieter Brückner und Klaus Dieter Hein-Mooren

König

gibt Gesetze und ist oberster Richter | entscheidet über Krieg und Frieden | ernennt Minister, Beamte und Offiziere | entscheidet über Einnahmen und Ausgaben | nimmt Einfluss auf die Religion

1. Stand (Geistlichkeit)

2. Stand (Adel)

3. Stand (Bauern und Bürger)

▲ **Absolutistische Herrschaft unter Ludwig XIV.**

7.7 Bauwerke als Ausdruck politischen Denkens

▲ **Die Pfalz in Aachen um 800**
Rekonstruktion von Zsolt Vasáros/Gábor Nagy/Sebastian Ristow, 2018

Die → *Demokratie* in der *Blütezeit Athens im* → *5. Jh. v. Chr.* war geprägt von Öffentlichkeit und Meinungsaustausch. Dazu lieferte das antike Theater der → *Polis* den freien und luftigen Rahmen. Hier wurde nicht nur der Gott Dionysos gebührend gefeiert, sondern Tragödien und Komödien boten ausreichend Anlass, um über grundlegende Fragen der Religion, Moral und Politik zu diskutieren.

Über Jahrtausende hinweg blieben Religion und Politik enge Verbündete. Nur so erklärt sich der Ausbau der Aachener → *Pfalz*, den → *Karl der Große* noch vor seiner *Kaiserkrönung im Jahr* → *800* in Angriff genommen hatte. Nach spätantiken und frühchristlichen Vorbildern ließ er eine Königshalle (*Aula regia*) und eine Kapelle (Marienkirche) in seiner Pfalz errichten. Die Kuppel der Kirche wurde zum weithin sichtbaren Zeichen seiner christlichen Herrschaft.

Die → *Könige* und → *Kaiser* der folgenden Jahrhunderte verstanden ihre weltliche Herrschaft als gottgewollt. Höhepunkt dieser Entwicklung in Europa war die Zeit des → *Absolutismus*. Die europäische → *Aristokratie* folgte damals dem französischen Vorbild Versailles. Architektur und höfisches Zeremoniell wurden mehr als jemals zuvor zum geeigneten Mittel der Machtausübung. Kaum ein Aristokrat ohne Schloss und Gartenanlage! Das traf auch auf die Fürstbischöfe in Würzburg zu. Aber ihre ab 1720 von *Johann Balthasar Neumann* errichtete Schlossanlage erlangte ein Ausmaß, das in keiner Weise ihrer politischen Bedeutung in Europa entsprach.

Erst als die → *Monarchie* ihre Macht schrittweise an die → *Bürger* abgeben musste und der Verfassungsstaat (→ *Verfassung*) entstand, wurden Bauwerke zu rein politischen Zwecken errichtet. Dabei orientierte sich der von *Paul Wallot* für das deutsche → *Parlament* errichtete → *Reichstag* (1884-1894) in Berlin an einer barocken Schlossanlage. Das hatte Folgen: Der Bau des machtlosen → *Parlaments* wurde als kaiserlich-wilhelminisch verlacht, obwohl er dem Schloss des Kaisers den Rücken zuwandte und die kaiserliche Kuppel deutlich an Höhe übertrumpfte.

Bezeichnenderweise war es ein britischer Architekt, *Sir Norman Foster*, der im Auftrag der deutschen Abgeordneten dem → *Reichstag* mit dem 1995 begonnenen Umbau eine neue politische Bedeutung gab: als Sitz des Deutschen Bundestages. Die begehbare gläserne Kuppel auf dem Reichstag ermöglicht heute allen Bürgerinnen und Bürgern einen freien Blick über ihre Hauptstadt und einen direkten Blick in den Plenarsaal, wo ihre frei gewählten Abgeordneten ihre Interessen vertreten. Demokratischer geht eine architektonische Geste kaum – oder?

Anna Elisabeth Albrecht

▲ **Giebel und Glaskuppel des umgebauten Berliner Reichstagsgebäudes**
Foto von 2011

Jahrgangsstufe 8: Das lange 19. Jahrhundert

8.1 Aufklärung, Französische Revolution und Napoleon

1789	Beginn der Französischen Revolution: Durch die Französische Revolution wurde die absolutistische Monarchie in Frankreich gestürzt. Die Bezeichnung Revolution verdeutlicht, dass dieser tief greifende politische und gesellschaftliche Umbruch in verhältnismäßig kurzer Zeit stattfand.
1806	Ende des Heiligen Römischen Reiches Deutscher Nation
1806	Gründung des Königreiches Bayern

Die Staatslehren der → **Aufklärung** betonten die Freiheit und Gleichheit der Menschen und stellten den → *Absolutismus* infrage. Sie forderten eine → **Gewaltenteilung** im Staat, um jede Herrscherwillkür zu verhindern. Letztlich solle, so die Vorstellung von der → **Volkssouveränität**, alle Staatsgewalt vom Volke ausgehen.

Die französische → *Monarchie* befand sich in den 1780er-Jahren in einer Krise. Ein Staatsbankrott drohte. → *Adel* und Klerus verweigerten aber → *Reformen*, die ihre Steuervorteile beschneiden sollten. Missernten und Hungerunruhen vergrößerten die sozialen und gesellschaftlichen Probleme.

→ **1789 begann die Französische Revolution**. Am Anfang stand die Einberufung der Generalstände durch den → *König*. Dort erklärte der Dritte Stand, er vertrete die → **Nation**, da ihm 98 Prozent aller Franzosen angehörten. Eine Nationalversammlung wurde einberufen, die die Sonderrechte der → *Stände* abschaffen und Reformen einleiten sollte. Der Sturm auf die Bastille am 14. Juli 1789 in Paris sowie Aufstände auf dem Lande erweiterten die → *Revolution*. Anfang August 1789 wurde die Abschaffung der Privilegien von Adel und Klerus beschlossen und die auf Freiheit und Gleichheit beruhenden → **Menschenrechte** verkündet. Es folgten weitere Gesetze, die Staat, Gesellschaft und Wirtschaft von Grund auf veränderten. 1791 leistete der König seinen Eid auf die → *Verfassung*. Sie machte aus der absolutistischen eine → **konstitutionelle Monarchie**.

Als Preußen und Österreich mit Krieg drohten, um die absolutistische Ordnung in Frankreich wiederherzustellen, begann Frankreich einen Krieg, um die revolutionären Errungenschaften zu verbreiten. Ludwig XVI. wurde abgesetzt, die konstitutionelle Monarchie abgeschafft und eine → *Republik* errichtet.

Krieg und Bürgerkrieg prägten die Republik. Sie stand zunächst unter dem Einfluss des → **Bürgertums**, dann unter dem der städtischen Volksbewegung, den Sansculotten. Der Nationalkonvent verurteilte Ludwig XVI. und ließ ihn am 21. Januar 1793 hinrichten. Im selben Jahr übernahm ein „Wohlfahrts- und Sicherheitsausschuss" unter → *Robespierre* die Regierung. Er und seine Anhänger ließen alle Feinde der Republik, ob echte oder nur vermeintliche, verfolgen und hinrichten. Erst der Sturz Robespierres im Juli 1794 beendete

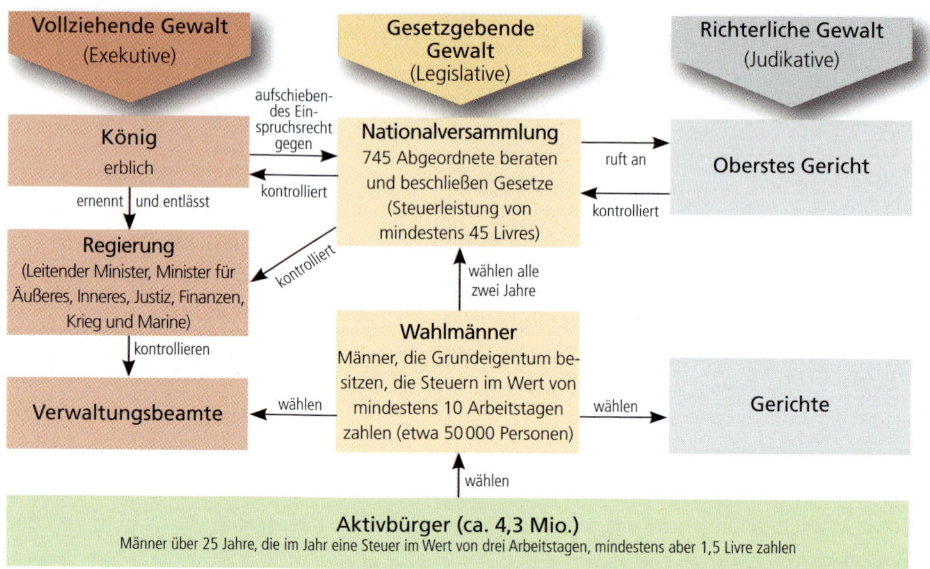

▲ **Französische Verfassung von 1791**

[1] Das Frauenwahlrecht wurde in Frankreich erst 1946 eingeführt.

▲ **Napoleon I.**
Medaille von 1806

die Diktatur (➔ *Diktator*) und Schreckensherrschaft. Ein Direktorium aus fünf Männern übernahm daraufhin die Regierungsgeschäfte und erließ eine neue Verfassung.

Frankreich kam trotzdem nicht zur Ruhe. 1799 übernahm General ➔ **Napoleon** Bonaparte in einem ➔ *Staatsstreich* die Macht. Innenpolitisch erklärte er die Revolution für beendet und versöhnte sich mit der Kirche, dem Adel und dem Bürgertum. Dazu trug das 1804 erlassene Gesetzbuch, der *Code civil*, bei. Es versprach die Freiheit des Einzelnen und des Eigentums sowie die Gleichheit vor dem Gesetz. 1804 krönte sich Napoleon selbst zum ➔ *Kaiser*. Bündnisse und Eroberungen prägten Napoleons Außenpolitik. Er besetzte 1801 die linksrheinischen Gebiete des ➔ *Heiligen Römischen Reiches Deutscher Nation*. Seine

Kartentipp:
Die Karte „Europa zur Zeit Napoleons" siehe unter Code **31511-10**.

▲ **König Max I. Joseph von Bayern**
Gemälde (260 x 194 cm) von Moritz Kellerhoven, um 1818
Das Herrscherporträt war für den Saal der Ständeversammlung in München bestimmt.

Verbündeten entschädigte er für ihre linksrheinischen Verluste mit Gebieten aus den zwischenzeitlich aufgelösten geistlichen Fürstentümern (→ **Säkularisation**).
Napoleon machte Frankreich zur Vormacht auf dem Kontinent (→ *Hegemonie*). Auf seine Initiative hin schlossen sich zahlreiche deutsche Fürsten zum Rheinbund zusammen. Das führte → **1806** zum **Ende des Heiligen Römischen Reiches Deutscher Nation** – und zur **Gründung des Königreiches Bayern**.
Der bayerische König Max I. Joseph hatte schon als → *Kurfürst* begonnen, sein Reich mithilfe seines Leitenden Ministers Montgelas zu modernisieren. 1808 erließ er eine Verfassung und zählte damit zu den ersten deutschen Fürsten, die eine konstitutionelle Monarchie errichteten.

Volker Bräu und Klaus Dieter Hein-Mooren

8.2 Einigkeit und Freiheit? Deutschland zwischen Restauration und Revolution

1815	Wiener Kongress
1832	Hambacher Fest
1848/49	Revolution in Deutschland mit dem Ziel, einen Nationalstaat auf der Basis einer liberalen Verfassung zu begründen.

Was ist Deutschland? Diese Frage stellten sich in der ersten Hälfte des 19. Jhs. viele. Deutschland war Anfang des 19. Jhs. noch kein Nationalstaat. Es war in viele kleine und mittlere Staaten unterteilt. Mit den „Befreiungskriegen" gegen → *Napoleon* entstand der Wunsch nach einem politischen Neuanfang, nach einer politischen Einheit aller Deutschen.

▲ **Wappen des Deutschen Bundes**
Der Staatenbund existierte von 1815 bis 1866.

Auf dem **Wiener Kongress** → **1815** stellten die Monarchen und Fürsten aber klar heraus, dass sie die unter Napoleon entstandene Ordnung beibehalten wollten. Um einen dauerhaften Frieden in Europa zu gewähren, sollte für die Zukunft die → *Hegemonie* eines Staates vermieden und ein Gleichgewicht der Mächte geschaffen werden. Statt eines deutschen Nationalstaates wurde der → **Deutsche Bund** als loser Staatenbund gegründet.

Die Fürsten des Deutschen Bundes solidarisierten sich gegen den → **Liberalismus** und → **Nationalismus**. Diese neuen politischen Vorstellungen hatten die Französische Revolution (→ *1789*; → *Revolution*) sowie der Abwehrkampf gegen die napoleonische Fremdherrschaft geprägt. Vertreten wurden sie vor allem von Studenten und Teilen des → *Bürgertums*. Neben der Forderung nach einer deutschen → *Nation* ging es ihnen um politische Mitsprache und die Gewährung von einklagbaren → *Grundrechten* wie der Meinungs- und Pressefreiheit.

Die Fürsten ließen die Anhänger der nationalen und liberalen Bewegung verfolgen. Universitäten wurden überwacht, Verdächtige inhaftiert und die Presse wurde zensiert. Mancher Bürger zog sich aus dem politischen Leben zurück. Aber immer wieder schafften es kritische Schriftsteller und Journalisten, ihren Unmut über die nationalen, sozialen und politischen Verhältnisse zu veröffentlichen. Höhepunkt der nationalen und demokratischen Freiheitsbewegung wurde dann → **1832** das **Hambacher Fest**.

Zunehmende soziale und wirtschaftliche Probleme verschärften die politische Stimmung, nicht nur im Deutschen Bund, sondern in ganz Europa. Beeinflusst von einer erneuten Revolution in Frankreich begann die **Revolution in Deutschland von** → **1848/49**. Sie hatte das Ziel, einen Nationalstaat auf der Basis einer liberalen → *Verfassung* zu begründen.

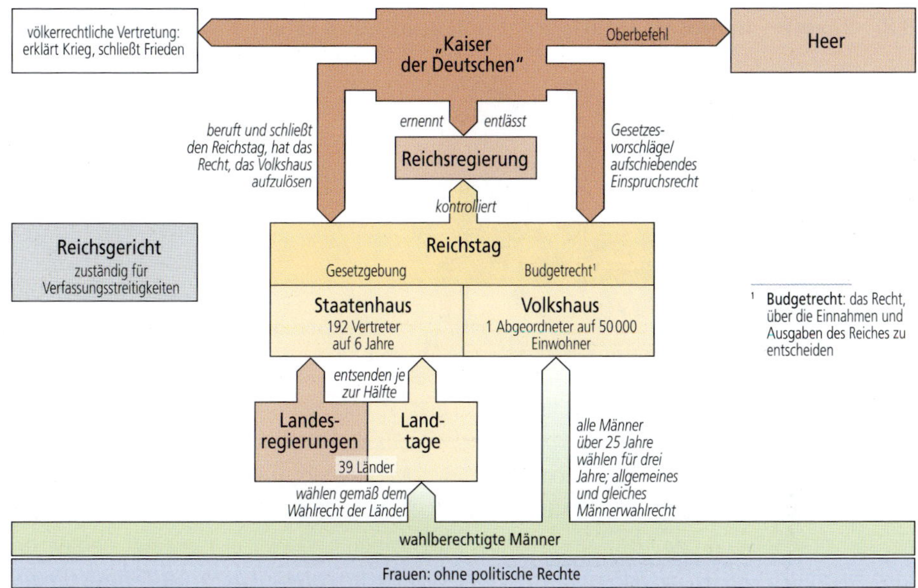

▲ Reichsverfassungsentwurf von 1849

Soziale Aufstände sowohl auf dem Land als auch in den Städten sowie Volksversammlungen und Straßenkämpfe bildeten den Anfang. Aus allen gesellschaftlichen Schichten wurden nationale, politische und soziale Änderungen gefordert. Überrascht gaben die Fürsten den „Märzforderungen" nach, um ihre Macht nicht zu verlieren. Überall wurde die Zensur aufgehoben, wurden neue Regierungen berufen und Reformen eingeleitet. Darüber hinaus durften in den Staaten des Deutschen Bundes alle selbstständigen volljährigen Männer zum ersten Mal in freien und gleichen Wahlen Abgeordnete für die Nationalversammlung wählen. Am 18. Mai 1848 begann das → **Parlament** in der Frankfurter Paulskirche seine Arbeit. Eine einheitliche Vorstellung, wie eine künftige deutsche Nation aussehen sollte, gab es nicht: mit oder ohne Österreich, mit einem → *Kaiser* an der Spitze oder als → *Republik*? Schließlich wurden die Grundrechte erarbeitet und eine „kleindeutsche" Reichsverfassung verabschiedet. Als der preußische König die ihm angebotene Kaiserkrone ablehnte und mit ihm noch weitere Fürsten die Annahme der Reichsverfassung verweigerten, kam es zu einer breiten Protestbewegung: der „Reichsverfassungskampagne". Die Nationalversammlung erwies sich als machtlos und die von Republikanern geführten Aufstände wurden militärisch niedergeschlagen. Auch wenn die Revolution an ihren Zielen scheiterte, sie hatte einen tief greifenden politischen Wandel zur Folge.

Judith Bruniecki

Kartentipp:
Die Karte „Europa nach dem Wiener Kongress" siehe unter Code **31511-11**.

8.3 Bayern – Identität, Staatsgebiet und kulturelles Erbe

◄ Wappen des Freistaates Bayern seit 1950

Im Jahr → *1806* wurde das *Ende des* → *Heiligen Römischen Reiches Deutscher Nation* durch → *Napoleon* eingeleitet und die *Gründung des Königreiches Bayern* verkündet. Aus dem einstigen Stammesherzogtum des frühen → *Mittelalters*, welches im Laufe des *Dreißigjährigen Krieges* → *1618-1648* zum Kurfürstentum (→ *Kurfürst*) geworden war, wurde ein souveräner Staat der Altbayern, Franken, Schwaben und Pfälzer mit einer gemeinsamen Identität. Die → *Säkularisation* und der *Wiener Kongress von* → *1815* bestimmten Bayerns territoriale Entwicklung. 1946 wurde die Pfalz gegen heftigen Widerstand Bayerns in das Bundesland Rheinland-Pfalz eingegliedert.

Durch die Arbeit mit dem Geschichtsatlas kannst du erkennen, seit wann und aufgrund welcher Entwicklungen dein Heimatort zum heutigen Freistaat gehört. Dies mag schon zu Zeiten der *Kaiserkrönung* → *Karls des Großen um* → *800* der Fall gewesen sein, vielleicht aber auch erst seit 1920, als sich zuletzt der Freistaat Coburg dem Freistaat Bayern anschloss.

Den Zusammenhalt der Bevölkerung versuchte das Königshaus der Wittelsbacher durch die Einführung einer einheitlichen → *Verfassung*, eines vereinheitlichten Verkehrsnetzes und nicht zuletzt durch eine staatlich verordnete Geschichtspolitik zu gewährleisten. → *König* Ludwig I. strebte eine engere Bindung der Alt- und Neubayern an die Krone durch eine „historische Rückbenennung" der Kreise und ein neues Staatswappen an.

Als bedeutend für das kulturelle Erbe Bayerns erweisen sich seit Ludwig I. auch der historische sowie der zeitgenössische Städtebau und die Architektur. Der König hat bedeutende Gebäude in Auftrag gegeben und gilt als Pionier der Denkmalpflege. Denkmalschutz und Denkmalpflege bilden bis heute einen wesentlichen Bestandteil der Verfassung des Freistaates Bayern, der sich unter anderem als „Kulturstaat" definiert (Art. 3).

Bayerns Staatswappen soll die Bevölkerungsstruktur widerspiegeln, doch hat sich diese seit dem Ende des *Zweiten Weltkrieges* (→ *1939-1945*) nachhaltig weiterentwickelt. Neben den Sudetendeutschen als neuem „vierten Stamm" haben sich viele → *„Gastarbeiter"*, Spätaussiedler, Zugezogene aus anderen Teilen Deutschlands und der Welt dazugesellt und bilden heute einen wesentlichen Teil unserer Gesellschaft.

Ernst Schütz

8.4 Industrialisierung und Soziale Frage

▲ **Baumwollspinnerei in Manchester**
Skizze aus dem Reisetagebuch des preußischen Architekten und Malers Karl Friedrich von Schinkel, 1826

Die von England ausgehende → **Industrialisierung** brachte im 19. Jh. tief greifende Veränderungen der Arbeitsverhältnisse und der Gesellschaft durch den Einsatz von Maschinen. Die Gründe für den Beginn der Industrialisierung in England waren vielfältig: Persönliche Freiheitsrechte, Rechtssicherheit und ein großer Binnenmarkt ohne Zollschranken erleichterten es Unternehmern, wirtschaftlich aktiv zu werden. Der Ausbau von Häfen, Kanälen und Straßen sowie Erfindungen beschleunigten und verbilligten die Produktion und den Transport von Waren. Dazu besaß England Eisenerz- und Steinkohlevorkommen für die Herstellung von Industriegütern sowie Kolonien (→ *Kolonisation*) für den Bezug von Rohstoffen (z. B. Baumwolle) und den Absatz von Fertigwaren (z. B. Textilien). Eine wachsende Bevölkerung stellte Arbeitskräfte für die neuen Fabriken zur Verfügung und beförderte die Nachfrage nach Konsumgütern. Davon profitierte zunächst vor allem die Textilindustrie, in der es viele technische Neuerungen gab. Zur Schlüsseltechnologie der Industrialisierung wurde die Dampfmaschine, die Maschinen und Werkzeuge antreibt. Das Zusammenwirken der Faktoren führte zu einem enormen Wirtschaftswachstum.
In den meisten deutschen Staaten setzte die Industrialisierung erst um die Mitte des 19. Jhs. ein. Das lag an den zum Teil rückständigen politischen, wirtschaftlichen und sozialen

	1750	1800	1830	1860	1880	1900
Großbritannien	10	16	25	64	87	[100]
Deutsche Staaten/Deutschland	8	8	9	15	25	52
Gesamteuropa	8	8	11	16	24	35

▲ **Industrialisierungsgrad Großbritanniens und Deutschlands**
Die Statistik beruht auf Berechnungen von Statistikern. Zugrunde liegen Daten über alle industriell hergestellten und vertriebenen Produkte – vom Bettlaken bis zur Lokomotive. Um einen Vergleich zwischen den Staaten und in Bezug auf Europa zu ermöglichen, wurde hier der Wert der Industrieproduktion in Großbritannien für das Jahr 1900 mit 100 gleichgesetzt (Indexzahl).

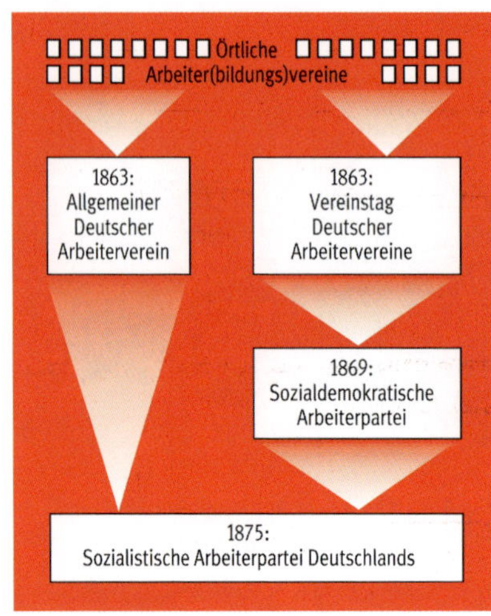

▲ **Anfänge der deutschen Arbeiterbewegung**

Verhältnissen. Auslöser für den wirtschaftlichen Aufbruch waren hier → *Reformen* wie die Abschaffung der → *Zünfte* und die Gewährung der Gewerbefreiheit. Eine zentrale Rolle spielte der Eisenbahnbau. Wie in England blieb die Industrialisierung zunächst auf die Regionen mit reichhaltigen Kohle- und Eisenerzvorkommen beschränkt. Das waren neben dem Ruhrgebiet Gebiete in Oberschlesien und an der Saar. Der Mangel an Rohstoffen und die Zurückhaltung der Regierung gegenüber schnellen Veränderungen trugen dazu bei, dass in Bayern die Industrialisierung zunächst zurückblieb. Ausnahmen waren Städte wie Nürnberg, Augsburg oder München, in denen große Industriebetriebe entstanden.

Lange Arbeitszeiten, Hitze, Lärm, Schmutz und die Gefahren durch die Maschinen bestimmten die Fabrikarbeit. Die Löhne waren niedrig. Vor allem Frauen und Kinder galten als billige Arbeitskräfte. Durch die Industrialisierung entstanden soziale Probleme wie Wohnungsnot. Kinderarbeit und mangelnde soziale Absicherung bei Krankheit und im Alter führten zur → **Sozialen Frage**. Die Regierungen griffen kaum in die Arbeitswelt ein. Sie schränkten lediglich die Kinderarbeit und die tägliche Arbeitszeit ein. In den Kirchen boten Geistliche wie *Adolph Kolping* und *Johann Hinrich Wichern* jungen Arbeitern Hilfe an. Unternehmer wie *Alfred Krupp* oder *Werner von Siemens* richteten Unterstützungskassen ein und bauten Wohnungen für ihre Arbeiter. Für die Mehrheit der Fabrikarbeiter änderte sich dadurch kaum etwas. Sie begannen, sich selbst zu organisieren, gründeten Gewerkschaften und Arbeitervereine, aus denen die *Sozialdemokratische Partei Deutschlands* (SPD) hervorging. Führende Vertreter der → *Arbeiterbewegung* wie → *Marx* und → *Engels* erwarteten eine → *Revolution*, die zum → **Sozialismus** und → **Kommunismus** führen sollte.

Marcus Gerber

Kartentipp:
Die Karte „Wirtschaft Europas 1815-1875"
siehe unter Code **31511-12**.

8.5 Das Deutsche Kaiserreich

1871	Deutsche Reichsgründung

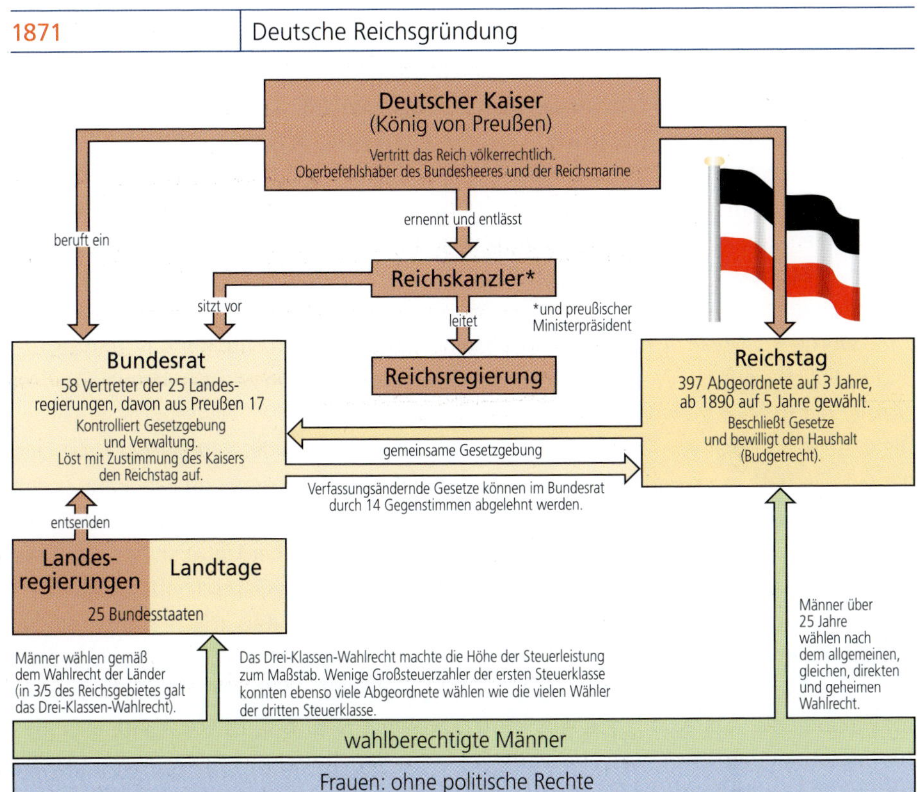

▲ **Reichsverfassung von 1871**

In drei Einigungskriegen wurden die Voraussetzungen für die Gründung des → **Deutschen Kaiserreiches** geschaffen. Politisch verantwortlich dafür war der konservative preußische Ministerpräsident und spätere Reichskanzler → **Bismarck**. Er erreichte → **1871 die Reichsgründung**.

Nach dem Sieg über Frankreich war am 18. Januar 1871 im Versailler Schloss der preußische → *König* Wilhelm I. zum → *Kaiser* der Deutschen ausgerufen worden. Fürsten und Militärs schufen, was die gewählten Abgeordneten der Frankfurter Nationalversammlung 1849 nicht erreicht hatten: einen konstitutionell-monarchischen Nationalstaat (→ *1848/49*, → *Verfassung*, → *Nation*) unter preußischer Führung. Die Bevölkerung des neuen Reiches fühlte sich zunächst noch nicht als Deutsche. Die Zugehörigkeit zu den jeweiligen Bundesstaaten blieb zunächst für die eigene Identität wichtiger. Dass aus Sachsen, Hessen, Bayern und Preußen schließlich Deutsche wurden, lag nicht zuletzt an den gewählten Abgeordneten des → **Reichstages**. Ohne das → *Parlament*, das seit 1895 in dem Reichstagsgebäude in Berlin tagte, in dem heute der Deutsche Bundestag seinen Sitz hat,[1] waren Gesetzgebung und Haushaltsbewilligung des Kaiserreiches nicht möglich. Was im Reichstag debattiert wurde, bestimmte das Tagesgespräch im Reich. Das allgemeine Wahlrecht bot zumindest den Männern die Möglichkeit, an der Politik aktiv teilzunehmen. Die Vertreter der 25 Bundesländer im Bundesrat wirkten an der Gesetzgebung mit.

Kaiser und Reichskanzler hatten die größte Macht im Reich. Trotzdem scheiterte Bismarck in seinem Kampf gegen sogenannte „Reichsfeinde". Aus der Auseinandersetzung mit den Sozialdemokraten ging eine wichtige Errungenschaft der Moderne hervor: die Einführung der Kranken-, Renten- und Unfallversicherung. Bismarcks → **Sozialgesetzgebung** markiert den Beginn der modernen staatlichen Sozialpolitik und hatte Vorbildcharakter für andere Länder.

1888 wurde → *Wilhelm II.* Kaiser. Während seiner Regierungszeit nahmen → *Nationalismus* und → *Militarismus* zu. Wer im Obrigkeitsstaat etwas gelten wollte, versuchte zumindest Offizier der Reserve zu werden.

Die Gesellschaft war von Spannungen geprägt. Der → *Adel* bildete immer noch die Elite der Gesellschaft, auch wenn ihm im Laufe der Zeit einige Bankiers und Fabrikanten den Rang abzulaufen drohten. Das Bildungsbürgertum hatte zugenommen, doch sein Anteil blieb begrenzt, da der Besuch weiterführender Schulen oder gar Universitäten viel Geld kostete. An einen sozialen Aufstieg war für den größten Teil der Gesellschaft, die Arbeiterklasse, nicht zu denken: 75 Prozent der Menschen lebten im Kaiserreich am Rande des Existenzminimums.

Im Zuge der fortschreitenden → *Industrialisierung* wanderten circa 30 Millionen Menschen vom Land in die Städte und Industriezentren. Wohnungsnot war die Folge. Am Ende des 19. Jhs. lebten rund zwei Drittel der Bevölkerung in den Städten.

Der rasante Fortschritt und die Anonymität der Großstädte machten vielen Menschen Angst. Sie ermöglichten aber auch individuellere Lebensentwürfe. Künstler, Wissenschaftler und Philosophen vernetzten sich: die Städte wurden zum Nährboden intellektuellen Austauschs.

In der modernen Arbeitswelt regelte die Stechuhr den Takt des Tages. Allmählich nahm jedoch die Freizeit zu. Kinos und Vergnügungsparks schossen aus dem Boden. Neben der Presse wurden Film und Rundfunk zu Massenmedien. Auch der Tourismus entwickelte sich. Waren es vorher vor allem Adlige, die an die Luftkurorte fuhren, tat das → *Bürgertum* es ihnen nun gleich.

Weil Frauen bildungsmäßig, rechtlich und politisch stark benachteiligt waren, setzten sie sich für bessere Ausbildungsmöglichkeiten von Mädchen, faire Löhne und ein Frauenwahlrecht ein.

Andreas Weindl

Kartentipp:
Eine animierte Karte zur Gründung des Deutschen Reiches siehe unter Code **31511-13**.

[1] Siehe S. 28.

8.6 Imperialismus und Erster Weltkrieg

1914-1918	Erster Weltkrieg
1917	Kriegseintritt der USA und Russische Revolution

▲ **Kolonialherr aus der Sicht der Beherrschten**
Holzplastik vom unteren Kongo, Ende des 19. Jhs.

Im Zeitalter des ➔ **Imperialismus**, also etwa ab dem letzten Viertel des 19. Jhs., wetteiferten die Großmächte um den Besitz von Kolonien vor allem in Afrika und Asien (➔ *Kolonisation*). Ihre imperialistische Politik hatte wirtschaftliche, machtpolitische und gesellschaftliche Gründe. Gerechtfertigt wurde sie mit der vermeintlichen Überlegenheit der „entwickelten" über die „nicht entwickelten" ➔ *Nationen* und Völker (➔ *Rassismus*). Die Kolonialmächte zogen neue Grenzen und zwangen den Einheimischen ihre Lebensart und ihre Überzeugungen auf. Damit zerstörten sie nicht nur bestehende Kulturen und Wirtschaftsformen, sondern sie schufen auch die Ursachen für Konflikte, die zum Teil bis heute andauern.

Das ➔ *Deutsche Kaiserreich* strebte nach 1890 unter ➔ *Kaiser* ➔ *Wilhelm II.* eine Weltmachtstellung an. Da Großbritannien, Frankreich und Russland sich von seiner Außenpolitik bedroht fühlten, legten sie ihren Streit um Kolonien bei und sicherten sich Hilfe für den Fall eines deutschen Angriffs zu. Dem Deutschen Kaiserreich blieb nur Österreich-Ungarn als Bündnispartner. Es fühlte sich „eingekreist". Außerdem kam es zu einem Wettrüsten. All dies waren langfristige Ursachen des **Ersten Weltkrieges** (➔ **1914-1918**). Hinzu kamen kurzfristige Kriegsursachen: Auf dem Balkan beanspruchten Österreich-Ungarn und Serbien Gebiete des zerfallenden Osmanischen Reiches. Die Lage verschärfte sich, da Russland Serbien und das Deutsche Kaiserreich Österreich-Ungarn unterstützte. Anlass für den Ersten Weltkrieg wurde die Ermordung des österreichischen Thronfolgers Ende Juni 1914. Zuvor hatten Politiker und Militärs aller europäischen Großmächte mehr darüber nachgedacht, wie ein Krieg zu gewinnen als wie er zu verhindern sei. Militärische Planungen bestimmten ihr Denken und Handeln.

▲ Kampfgelände von Armentières (Frankreich)
Foto vom April 1918
Der Erste Weltkrieg endete im November 1918. Zuletzt befanden sich weltweit 25 Staaten mit rund 1,4 Milliarden Menschen im Kriegszustand, das waren rund drei Viertel der damaligen Erdbevölkerung. Etwa 9,4 Millionen Soldaten starben auf den Schlachtfeldern, rund 20 Millionen wurden verwundet. Die Anzahl der zivilen Opfer wird auf weitere sieben Millionen geschätzt.

Es kam zu einem jahrelangen Stellungskrieg mit mörderischen Materialschlachten, die Millionen Soldaten das Leben kosteten, aber auch der Zivilbevölkerung große Opfer abverlangten. Das Jahr → **1917** wurde zum Epochenjahr: Der **Kriegseintritt der USA** entschied den Krieg militärisch. Und die Misserfolge im Krieg führten im selben Jahr zur **Russischen Revolution** (→ *Revolution*).

Die Kriegsfolgen sollten in den Pariser Vorortverträgen geregelt werden. Für Deutschland brachte der → **Vertrag von Versailles** einschneidende territoriale, wirtschaftliche und militärische Verluste und Einschränkungen.

Im Versailler Vertrag wurde auch die Gründung des → *Völkerbundes* beschlossen. Diese internationale Organisation sollte in Zukunft helfen, den allgemeinen Frieden zu sichern. Sie litt darunter, dass ihr anfangs nur die Siegermächte angehörten. Russland / die Sowjetunion und das Deutsche Kaiserreich wurden erst später zugelassen. Darüber hinaus verlor der Völkerbund an Ansehen, als der amerikanische → *Senat* eine Mitgliedschaft der USA ablehnte. Überhaupt zeigte sich, dass die Pariser Vorortverträge keine stabile Friedensordnung schufen. Der Erste Weltkrieg hatte weitreichende Folgen, sodass Historikerinnen und Historiker von ihm als der „Urkatastrophe des 20. Jahrhunderts" sprechen.

Dieter Brückner

Kartentipps:

Die animierte Karte „Ausbruch des Ersten Weltkrieges" siehe unter Code **31511-14**.

Die animierte Karte „Deutschland und der Versailler Vertrag" siehe unter Code **31511-15**.

Jahrgangsstufe 9: Das kurze 20. Jahrhundert

9.1 Weimarer Republik – die erste deutsche Demokratie

1918	Novemberrevolution in Deutschland; 9. November: Abdankung des Kaisers und Ausrufung der Republik
1923	Krisenjahr der Weimarer Republik, u. a. Hitler-Putsch
1929	Beginn der Weltwirtschaftskrise
30. Januar 1933	Ernennung Adolf Hitlers zum Reichskanzler

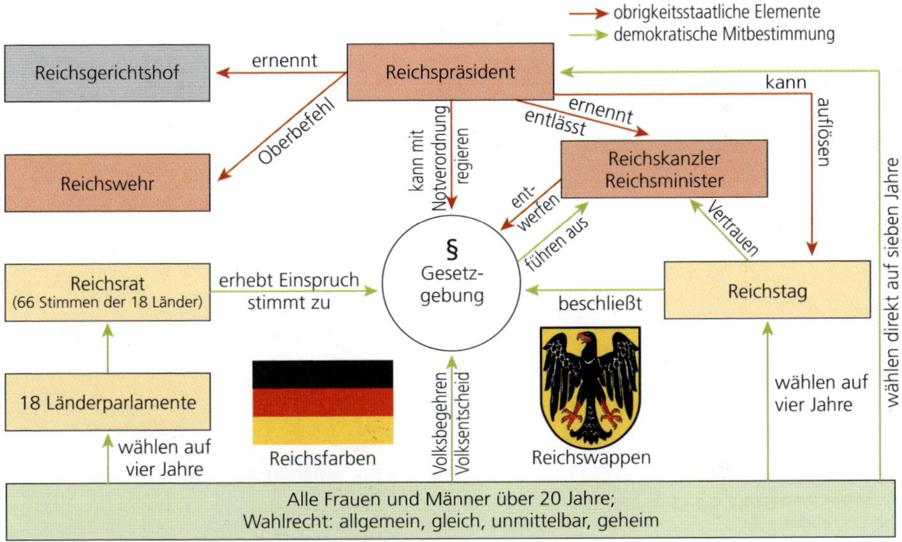

▲ **Weimarer Reichsverfassung von 1919**

Die → **Weimarer Republik** ist ein Paradebeispiel dafür, wie viel die Menschen erreichen können, wenn sie für ihre Rechte kämpfen. Zugleich aber lehrt uns ihr Verlauf auch, wie wichtig es ist, die → *Demokratie* zu bewahren und zu verteidigen.

Die **Novemberrevolution** → **1918** war eine Sternstunde der Demokratieentwicklung in Deutschland. Die Menschen demonstrierten weitgehend friedlich dafür, in Freiheit, Selbstbestimmung und Frieden leben zu dürfen. Zugleich entschieden sich die meisten Deutschen während der → *Revolution* gegen radikale Experimente. Die erste → *parlamentarische Demokratie* auf deutschem Boden wurde ausgerufen und durch die → **Weimarer Reichsverfassung** abgesichert. Der → *Kaiser* musste abdanken.

Die junge → *Republik* geriet jedoch alsbald unter Druck. Antidemokraten von rechts und links wollten die neu gewonnenen Freiheiten im **Krisenjahr** → **1923** mit Gewalt wieder

abschaffen. Doch fanden sie kaum Unterstützer. Die Republik konnte sich ab 1924 stabilisieren. Es folgten Jahre des wachsenden Wohlstandes und der kulturellen Blüte.
Diese währten jedoch nicht lange. Die **Weltwirtschaftskrise** schuf ab → **1929** großes Leid unter den Menschen in Deutschland. Arbeitslosigkeit und Hunger regierten. In ihrer Verzweiflung wandten sich immer mehr Deutsche den Feinden der Demokratie zu. Diese versprachen einfache Lösungen für die schweren Probleme der Zeit. Und leider schenkten ihnen viel zu viele Menschen Glauben. Sie verteidigten die Demokratie nicht, obwohl diese ihre Freiheiten garantierte. Ab 1930 regierten Präsidialkabinette. Sie stützten sich allein auf das Vertrauen des Reichspräsidenten → *Hindenburg*. Regiert wurde vor allem mit Notverordnungen nach Artikel 48 der Reichsverfassung, d. h. mit Gesetzen, die ohne parlamentarische Zustimmung (→ *Parlament*) erlassen wurden. Als die NSDAP bei der Reichstagswahl vom November 1932 zur stärksten Partei im Reichstag wurde und sich die alten Eliten (Militärs, Industrielle und Großgrundbesitzer) für autoritäre Lösungen einsetzten, ernannte Hindenburg am → **30. Januar 1933** → **Hitler zum Reichskanzler**. Viel zu spät erkannten die meisten Deutschen, dass nur die parlamentarische Demokratie ein Leben in Freiheit und Frieden ermöglicht.

Michael Mayer

Farbgebung: Rot als Farbe der Sozialdemokratie, Schwarz-Rot-Gold als Nationalfarben Deutschlands während der Weimarer Republik; Symbol der republiktreuen Kräfte

Totenkopf mit Reichswehrhelm: Allegorie auf Gefahr des Militarismus oder die Toten des Ersten Weltkrieges

Schriftzug/Wahlslogan: Verweis auf politische Gegner („Feinde der Demokratie!") und eigenes demokratisches Selbstverständnis

Kommunist mit rotem Stern auf der Kappe: personifizierter „Feind der Demokratie" von links, symbolisiert Gefahr des Bolschewismus

SA-Mann mit Schirmmütze und Hakenkreuz: personifizierter „Feind der Demokratie" von rechts

Dolch: Symbol für Gewalt und Hinterhältigkeit, Verweis auf „Dolchstoßlegende"

Schriftzug/Wahlaufruf: nennt Wahlziel (politische Gegner durch Wahl ausschalten; Erhalt von Republik und Demokratie), Verweis auf Auftraggeber und Listenplatz

▶ Wahlplakat von 1930
Grafiker: Karl Geiss
Format: 112 x 79,4 cm

9.2 Nationalsozialismus, Zweiter Weltkrieg und Holocaust

9. November 1938	Novemberpogrome: Vom NS-Regime organisierte und gesteuerte Gewaltmaßnahmen gegen jüdische Deutsche, in deren Verlauf es u. a. zu Morden und gewaltsamen Übergriffen kam, zahlreiche Synagogen und Geschäfte in jüdischem Besitz zerstört wurden und tausende Juden in Konzentrationslager verschleppt wurden.
1939-1945	Zweiter Weltkrieg
20. Juli 1944	Attentat auf Hitler durch den militärischen Widerstandskreis um Graf von Stauffenberg
8./9. Mai 1945	Bedingungslose Kapitulation Deutschlands

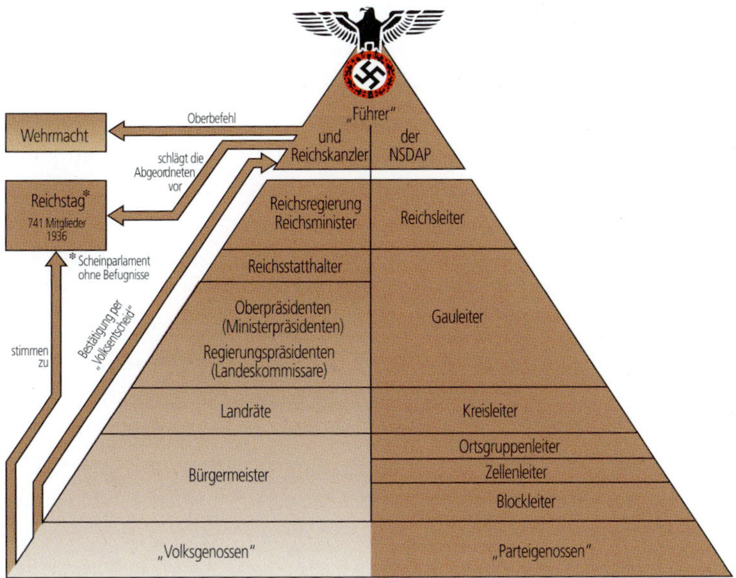

▲ Aufbau des „Führerstaates" ab 1934

Als die Nationalsozialisten 1933 in Deutschland die Macht übernahmen, begrüßten viele die neue Zeit. Doch sehr rasch wurden die Freiheiten der → *Weimarer Republik* abgeschafft. Das → **„Ermächtigungsgesetz"** vom März 1933 beseitigte die → *Gewaltenteilung* und bis Mitte Juli 1933 wurde ein Einparteienstaat errichtet. Staat und Gesellschaft wurden unter dem Banner einer rassistischen (→ *Rassismus*) und antisemitischen (→ **Antisemitismus**) → *Ideologie*, des → **Nationalsozialismus**, „gleichgeschaltet". Mithilfe der NS-Organisationen, der Steuerung aller Medien sowie durch Gesetze wurde die → **„Gleichschaltung"** durchgesetzt.

▲ **„Judenstern“**
Ab Ende 1939 mussten alle Jüdinnen und Juden in dem vom Deutschen Reich militärisch besetzten Generalgouvernement einen „Judenstern“ („Davidstern“) an ihrer Kleidung tragen. Im Großdeutschen Reich wurde diese Kennzeichnung im September 1941 eingeführt, als die Massendeportationen in die → *Ghettos* und → *Konzentrations- und Vernichtungslager* einsetzten.

Die Menschen, die sich dem Nationalsozialismus nicht unterwarfen, wurden aus der → **„Volksgemeinschaft“** ausgeschlossen und verfolgt. Vor allem die jüdische Bevölkerung litt unter dem Antisemitismus. 1935 wurden sie durch die → **„Nürnberger Gesetze“** aus der Gesellschaft ausgestoßen. Während der → **Novemberpogrome** (→ **9. November 1938**) misshandelten SA-Männer die jüdische Bevölkerung im gesamten Reich, um sie aus Deutschland zu vertreiben. Nach dem Kriegsbeginn (1. September 1939) wurden Jüdinnen und Juden in ganz Europa verfolgt und im Rahmen des → **Holocaust bzw. der Shoa** schließlich in ihren Heimatorten, in Wäldern oder in → **Konzentrations- bzw. Vernichtungslagern** massenhaft ermordet.

Doch auch viele andere Menschen litten in Europa unter dem Nationalsozialismus. In den von den Deutschen besetzten Gebieten wurden Millionen Menschen zur Zwangsarbeit genötigt, viele von ihnen wurden nach Deutschland verschleppt. Unzählige starben an Krankheiten oder wurden ermordet. Auch sowjetische Kriegsgefangene, Sintizze und Sinti, Romnia und Roma sowie Behinderte (→ *„Euthanasie“*) und andere Menschen fielen dem Nationalsozialismus zum Opfer.

Im Verlauf des **Zweiten Weltkrieges** (→ *1939-1945*) richteten sich die Folgen des NS-Terrors gegen die eigene Bevölkerung. Viele deutsche Städte wurden durch die Alliierten bombardiert. Erst als Europa schon in Trümmern lag, wurde am → **20. Juli 1944** ein **Attentat des militärischen Widerstandskreises** auf → *Hitler* verübt (→ *Widerstand*, → *Stauffenberg*). Es scheiterte.

In den letzten Wochen des Krieges starben noch Hunderttausende in Europa und Fernost. Die Deutschen, die die Freiheiten der Weimarer Republik so wenig geachtet hatten, lernten erst nach der → **bedingungslosen Kapitulation** vom → **8./9. Mai 1945**, welche Folgen ein undemokratisches Regime haben konnte.

Michael Mayer

Kartentipps:
Eine animierte Karte zum Thema „Endlösung“ siehe unter Code **31511-16**.

Die animierte Karte „Der Sieg der Alliierten“ siehe unter Code **31511-17**.

9.3 Rechte des Menschen – gestern und heute

1776	Amerikanische Unabhängigkeitserklärung: Mit der am 4. Juli 1776 verabschiedeten „Declaration of Independence" erklärten die britischen Kolonien in Nordamerika ihre Loslösung von Großbritannien und beanspruchten das Recht zur Bildung eines eigenständigen Staatenbundes. Die Erklärung gilt als Geburtsstunde der Vereinigten Staaten von Amerika.

Die Bedeutung der → *Menschenrechte* kann nicht überschätzt werden. Zugleich ist ihre Durchsetzung eine unabgeschlossene Menschheitsaufgabe. Die längste Zeit über waren die Rechte der Menschen abhängig von dem Stand, in den sie hineingeboren wurden. Die Rechte und Pflichten der drei → *Stände* (Klerus, → *Adel* sowie Bauern und → *Bürger*) und das → *Christentum* prägten die europäische Gesellschaft vom → *Mittelalter* bis in die → *Neuzeit*. Sie bildeten auch jahrhundertelang die Grundlage der vorherrschenden Staatsform: der → *Monarchie*. Die politischen Mitspracherechte des Adels und der Bürger veränderten allmählich die Herrschaftsordnung in Stadt und Land. Aber erst die Staatsdenker der → *Aufklärung* schufen im 17./18. Jh. die Grundlagen für die Menschenrechte. Sie griffen dabei auch auf Schriften aus der → *Antike*, dem → *Mittelalter* und der → *Renaissance* zurück.

Die Ideen der Aufklärer wurden erstmals wirksam in Nordamerika. Mit dem Hinweis auf die Menschenrechte rechtfertigten 13 britische Kolonien in der **Amerikanischen Unabhängigkeitserklärung von → 1776** nicht nur ihre Loslösung von Großbritannien, sondern auch das Recht, einen eigenen Staatenbund zu gründen. Die Gründerväter der Vereinigten Staaten sicherten ihren Bürgern 1791 in zehn Zusatzartikeln zur → *Verfassung* umfangreiche → *Grundrechte* zu, sie berücksichtigten dabei aber die Rechte der Frauen, der versklavten Afroamerikaner und der Ureinwohner nicht.

In Frankreich wurde Ende des 18. Jhs. die Abschaffung der Privilegien der Stände gefordert. Auch hier berief man sich auf die angeborenen und unveräußerlichen Rechte aller Menschen. Zu *Beginn der Französischen Revolution* → *1789* erarbeiteten Abgeordnete eine „Allgemeine Erklärung der Menschen- und Bürgerrechte". Sie sollte nicht nur für Frankreich, sondern für die gesamte Menschheit gelten. 1791 wurde diese Erklärung der Verfassung vorangestellt. Zeitgenössische Kritiker warfen ihr vor, die Rechte der Frauen nicht beachtet zu haben. Obwohl die Menschenrechte Verfassungsrang hatten und 1793 noch erweitert wurden, verhinderten sie den Terror der → *Republik* nicht.

Freiheitsrechte des Einzelnen und → *Demokratie* forderte der → *Liberalismus* seit Anfang des 19. Jhs. 1848 erarbeitete das gewählte → *Parlament*, die Frankfurter Nationalversammlung, Grundrechte des Volkes (→ *1848/49*). Mit dem Scheitern des deutschen Nationalstaates scheiterten 1849 auch die nationalen Grundrechte.

Die nach der *Deutschen Reichsgründung* → *1871* verabschiedete Verfassung enthielt keinen Grundrechtskatalog. Entsprechende Rechte blieben den Verfassungen der Bundesstaaten überlassen, die von dieser Möglichkeit aber kaum Gebrauch machten. Erst die → *Weimarer Reichsverfassung* von 1919, die nach der *Novemberrevolution von* → *1918* von der demokratisch gewählten Nationalversammlung verabschiedet worden war, enthielt einen umfangreichen Katalog von Grundrechten und -pflichten. Doch besaß die Reichsverfassung weder zu deren Durchsetzung noch zu ihrem Schutz ausreichende Regelungen. Die Missachtung der Demokratie und der Missbrauch der Weimarer Reichsverfassung trugen dazu bei, dass am → *30. Januar 1933* → *Hitler zum Reichskanzler* ernannt wurde und der → *Nationalsozialismus* Grundlage des Staates werden konnte. Die „Reichstagsbrandverordnung" und das → *„Ermächtigungsgesetz"* von 1933 setzten die Grundrechte und die → *Gewaltenteilung* außer Kraft. Die → *„Nürnberger Gesetze"* von 1935 bildeten dann die gesetzliche Grundlage für die systematische Ausgrenzung und Verfolgung der jüdischen Menschen, die im → *Holocaust* endete.

Angesichts der Folgen des Nationalsozialismus wurde in dem → *Grundgesetz* der → *1949 gegründeten Bundesrepublik Deutschland* ein umfassender Katalog von Grundrechten an den Anfang gestellt. Das Grundgesetz schützt die Menschenrechte und stellt ihre Durchsetzung sicher.

Nach dem *Zweiten Weltkrieg* (→ *1939-1945*) wurden 1945 die Vereinten Nationen (→ *UNO*) gegründet. Ihre Mitgliedstaaten verkündeten 1948 die „Allgemeine Erklärung der Menschenrechte" (AEMR). Damit wurde der Menschenrechtsschutz erstmals zu einer Aufgabe der internationalen Staatengemeinschaft erklärt. Während die AEMR rechtlich unverbindlich blieb, können in Europa heute die Grund- und Menschenrechte auf der Grundlage der „Konvention zum Schutze der Menschenrechte und Grundfreiheiten" des Europarates von 1950 sowie der „Charta der Grundrechte der Europäischen Union" von 2000 eingeklagt werden.

Trotz dieser großen Fortschritte werden noch heute in allen Teilen der Welt die Menschenrechte aus politischen, wirtschaftlichen, sozialen und kulturellen Gründen vielfach missachtet.

Bernhard Brunner

▲ **Das universelle Logo für Menschenrechte**
Entwurf von Predrag Stakić aus Serbien, 2011

9.4 Deutschland und die Siegermächte 1945-1949

1946	Verfassung des Freistaates Bayern
1949	Gründung der beiden deutschen Staaten Bundesrepublik Deutschland (BRD) und Deutsche Demokratische Republik (DDR)

▲ **„Die Großen Drei" auf der Potsdamer Konferenz**
Presse-Foto Röhnert vom Juli 1945
Von links nach rechts: Der britische Premierminister *Winston* → *Churchill*, US-Präsident *Harry S. Truman* und der sowjetische Staatschef *Josef* → *Stalin*. Die Konferenz fand auf dem Schloss Cecilienhof in Potsdam statt und dauerte vom 14. Juli bis 2. August 1945; Churchill wurde nach einer Wahlniederlage am 28. Juli von *Clement Attlee* abgelöst.

Das Ende des *Zweiten Weltkrieges* (→ *1939-1945*) brachte nicht nur den ersehnten Frieden nach Europa, sondern war auch Ausgangspunkt für die Teilung Deutschlands. Auf der → **Potsdamer Konferenz** von 1945 stellte die → *Anti-Hitler-Koalition* noch gemeinsam Weichen für die Zukunft Deutschlands, Europas und der Welt. Deutschland sollte nur für eine Übergangszeit besetzt bleiben und nach der Demokratisierung, Denazifizierung (→ **Entnazifizierung**), Demilitarisierung, Dezentralisierung und Demontage wieder in die internationale Staatengemeinschaft zurückkehren können. Was mit den deutschen Gebieten östlich der Oder-Neiße-Linie werden sollte, blieb ungeklärt. Die „Ausweisungen" aus diesen Gebieten sollten aber in „humanitärer Weise" erfolgen. Deutschland wollte man als Ganzes behandeln und die endgültigen Grenzen in einem späteren Friedensvertrag regeln. Doch die gemeinsame Besatzungspolitik scheiterte.
Jede Siegermacht handelte in ihren Besatzungszonen nach den eigenen Vorstellungen, Interessen und Bedürfnissen, um die großen wirtschaftlichen und sozialen Nachkriegsprobleme zu lösen. Überall galt es, die Trümmer zu beseitigen, Not und Hunger zu lindern,

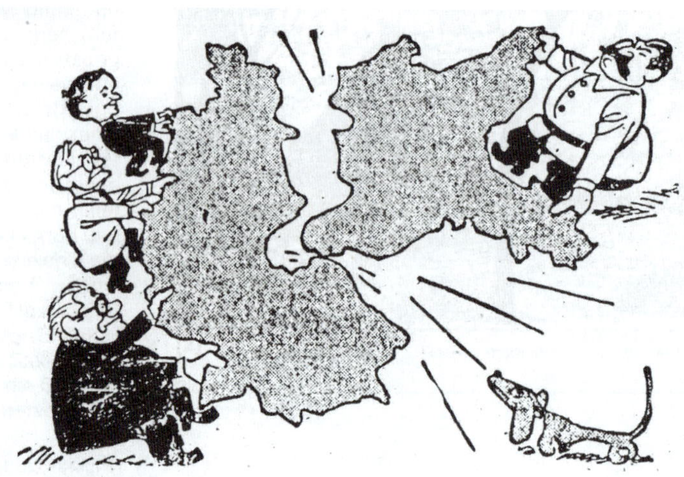

▲ **Ohne Worte**
Karikatur aus der „Hannoverschen Presse" vom 22. Mai 1948

die Wirtschaft wieder aufzubauen und die Menschen zu integrieren, die durch ➔ **Flucht und Vertreibung** ihre Heimat verloren hatten. Die Besatzungsmächte stellten zugleich die Weichen für eine politische Neuordnung in ihren Zonen. Sie ließen Parteien zu und bildeten neue Länder. In Bayern hatten die USA die Kontrolle übernommen und freie Wahlen zugelassen. ➔ **1946** erhielt der **Freistaat Bayern eine neue** ➔ **Verfassung**.

Da die USA und Großbritannien den Ausbau der sowjetischen Einflusssphäre in Osteuropa und der Sowjetischen Besatzungszone stoppen wollten, förderten sie ab 1947 die Gründung eines deutschen Weststaates. Am 1. Juli 1948 erfolgte der Auftrag an die Ministerpräsidenten der Länder, eine Verfassung für einen westdeutschen Teilstaat auszuarbeiten.

Aus Sorge um die Einheit Deutschlands wollte der Parlamentarische Rat nur ein Provisorium erarbeiten: das ➔ **Grundgesetz**. Es sollte einen handlungsfähigen demokratischen, sozialen und föderalen Staat ermöglichen – und Regeln für einen zukünftigen gesamtdeutschen Staat enthalten. Am 23. Mai 1949 wurde das Grundgesetz verkündet.

Nachdem alle Versuche der Sowjetunion gescheitert waren, die Gründung eines deutschen Weststaates zu verhindern, wurde am 7. Oktober 1949 die Deutsche Demokratische Republik (DDR) ausgerufen. Damit standen sich seit ➔ **1949** eine demokratisch verfasste **Bundesrepublik Deutschland (BRD)** im Westen und eine von der Sowjetunion kommunistisch geformte **Deutsche Demokratische Republik (DDR)** im Osten gegenüber. Die Deutsche Einheit strebten beide Staaten an. Beide jedoch mit dem Ziel, ihre jeweilige politische, gesellschaftliche und wirtschaftliche Ordnung auf ganz Deutschland auszuweiten.

Kartentipp:
Die animierte Karte „Deutschland von der Besetzung bis zur Teilung" siehe unter Code **31511-18**.

9.5 Weltpolitik im Kalten Krieg

1961/62	Kuba-Krise: durch die Stationierung von Atomraketen auf Kuba ausgelöste Konfrontation zwischen den USA und der UdSSR, die beinahe zu einem militärischen Konflikt geführt hätte.
ab 1989/90	Umbruch im Ostblock: Revolution in vielen Staaten des Ostblocks (in Polen, Ungarn, der Tschechoslowakei, Rumänien und der DDR) weg von Sozialismus und Planwirtschaft hin zu Demokratie, Freiheit und Marktwirtschaft. Dies wurde durch die Reformpolitik Michail Gorbatschows in der UdSSR (vgl. Glasnost und Perestroika) begünstigt und führte schließlich zur Auflösung des Ostblocks.

➤ Der „Eiserne Vorhang" (1949 bis 1990)

Ein politischer, wirtschaftlicher und gesellschaftlicher Gegensatz zwischen der kommunistischen Sowjetunion und den westlichen Staaten bestand seit → *1917.* Daraus entwickelte sich eine ideologische und politisch-militärische Konfrontation, nachdem die Sowjetunion zusammen mit den USA, Großbritannien und Frankreich siegreich aus dem *Zweiten Weltkrieg (→ 1939-1945)* hervorgegangen war und ihre Einflusssphären in Osteuropa erweitert hatte: der → **Kalte Krieg**. Der Streit um die Weltanschauungen stand seit 1949 unter dem Zeichen der Atombombe: der Drohung der beiderseitigen Vernichtung.

▲ „OK Mr. President, let's talk"
Karikatur von Leslie Gilbert Illingworth aus der britischen Zeitung „Daily Mail" vom 29. Oktober 1962

Der Kalte Krieg trennte auch die beiden deutschen Staaten. Während die → *1949 gegründete DDR* ein sozialistisches Gesamtdeutschland an der Seite der Sowjetunion anstrebte, setzte → **Adenauer**, der erste Kanzler der Bundesrepublik Deutschland, auf die → **Westintegration**, um die → **Deutsche Frage** zu lösen. Für ihn war eine größere Souveränität der Bundesrepublik und die Wiedervereinigung der beiden deutschen Staaten nur durch die politische, wirtschaftliche und militärische Einbindung in die westliche Staatengemeinschaft denkbar. Adenauer vertrat eine „Politik der Stärke" gegenüber der Sowjetunion und sorgte gegen den Widerstand der Opposition für die Eingliederung der Bundesrepublik in das westliche Militärbündnis: die → **NATO**. Die Sowjetunion reagierte darauf mit der Einbindung der DDR in den → *Warschauer Pakt*. Die Integration der beiden deutschen Staaten in die jeweiligen Bündnissysteme war durch den Korea-Krieg (1950-1953) beschleunigt worden: den ersten → *Stellvertreterkrieg* der beiden Weltmächte im Kalten Krieg. Während der Berlin-Krise von 1961 und der **Kuba-Krise von → 1961/62** standen sich die→ *Supermächte* direkt gegenüber. Die Konfrontation auf Kuba war durch die Stationierung von sowjetischen Atomraketen ausgelöst worden und hätte beinahe zu einer atomaren Katastrophe geführt. Diplomatie und Kompromisse verhinderten dies.

Die Krisen machten auch die gegenseitige Anerkennung der bestehenden Interessensphären in Europa deutlich. Die Supermächte verzichteten seitdem zwar auf eine direkte Konfrontation, verlagerten aber ihre Konflikte in die von der europäischen Kolonialherrschaft befreiten afrikanischen und asiatischen Staaten. Einer dieser Stellvertreterkriege war der

Krieg in Vietnam (1955-1975). Das bemerkenswerte daran: Die USA verloren nicht nur den Krieg, sondern wegen der Medienberichte über die Kriegsführung auch weltweit an Ansehen.

In Europa begann man zuerst mit dem Abbau von Feindbildern. Der KSZE-Prozess und die Schlussakte von Helsinki von 1975 machten den „Eisernen Vorhang" durchlässiger und stießen Veränderungen im Ostblock an.

US-Präsident → *Reagan* verfolgte nach 1985 eine „Politik der Stärke und des Dialogs". Sie traf auf eine Reformpolitik unter → *Gorbatschow* in der Sowjetunion. Dies alles trug → **ab 1989/90 zum Umbruch im Ostblock** bei. In Polen, Ungarn, der Tschechoslowakei, Rumänien und der DDR wollte man weg von → *Sozialismus* und → *Planwirtschaft* und hin zu → *Demokratie*, Freiheit und → *Sozialer Marktwirtschaft*. Der Umbruch führte nicht nur zur Auflösung des Ostblocks und zum Zerfall der Sowjetunion, sondern auch zur Wiedervereinigung Deutschlands – und damit zur Lösung der Deutschen Frage.

Die nach 1945 von den Europäern unabhängig gewordenen afrikanischen und asiatischen Staaten standen vor den Problemen, die der → *Imperialismus* hinterlassen hatte und die nach der → **Entkolonialisierung** entstanden waren. Ihre Politik wurde stark beeinflusst vom Kalten Krieg. Denn beide Blöcke gewährten den neuen Staaten wirtschaftliche und militärische Unterstützung oft nur, um ihre jeweiligen Einflusszonen zu vergrößern. Ein Beispiel dafür ist die 1960 unabhängig gewordene Demokratische Republik Kongo. Einmischung fremder Mächte in die Politik und Wirtschaft des Landes, Bürgerkriege, Korruption, Ausbeutung und staatliche Willkür lassen den Staat nicht zur Ruhe kommen.

Klaus Dieter Hein-Mooren

Kartentipps:

Die animierte Karte „Militärische Bündnisse in Europa 1949-1991" siehe unter Code **31511-19**.

Eine animierte Karte zur Kuba-Krise siehe unter Code **31511-20**.

Eine animierte Karte zur „Entkolonialisierung nach 1945" siehe unter Code **31511-21**.

Jahrgangsstufe 10: Deutschland, Europa und die Welt bis zur Gegenwart

10.1 Das geteilte Deutschland und die Wiedervereinigung

17. Juni 1953	Aufstand von Bürgerinnen und Bürgern in der Deutschen Demokratischen Republik gegen das SED-Regime
1972	Grundlagenvertrag zwischen der Bundesrepublik Deutschland und der Deutschen Demokratischen Republik. Wesentlicher Inhalt ist die gegenseitige Anerkennung beider Staaten.
9. November 1989	Öffnung der innerdeutschen Grenze, Fall der Mauer
3. Oktober 1990	Vollzug der Deutschen Einheit durch den Beitritt der DDR zum Geltungsbereich des Grundgesetzes, seither als „Tag der Deutschen Einheit" deutscher Nationalfeiertag

Als Folge des *Zweiten Weltkrieges* (→ *1939-1945*) waren → *1949 zwei deutsche Staaten gegründet* worden, die sich fundamental voneinander unterschieden. In der DDR setzte die Sozialistische Einheitspartei Deutschlands (SED) den 1949 eingeschlagenen undemokratischen Weg fort. Es gab keine freien Wahlen. Presse, Funk und Fernsehen wurden zensiert und die → **„Staatssicherheit"**, der Geheimdienst der DDR, überwachte die Bevölkerung und verfolgte all diejenigen, die Regierung oder SED kritisierten. Auch im wirtschaftlichen Bereich waren die Bürgerinnen und Bürger der DDR unfrei: Das System der → **Planwirtschaft** orientierte sich nicht nach den Bedürfnissen der Bevölkerung. Das alles führte zu Unzufriedenheit. Am → **17. Juni 1953** beteiligten sich deshalb viele Bürgerinnen und Bürger im ganzen Land an einem **Aufstand gegen das SED-Regime**. Sie forderten den Rücktritt der Regierung und freie Wahlen. Doch das DDR-Regime schlug den Volksaufstand mithilfe der sowjetischen Besatzungsmacht nieder und verhaftete viele Demonstrierende. In der Folge flohen noch mehr Menschen als zuvor aus der DDR in die Bundesrepublik. Die DDR-Führung wollte dies jedoch verhindern. Am 13. August 1961 riegelten Sicherheitskräfte die Grenze zwischen dem sowjetischen Sektor in Berlin (Ost-Berlin) und den westalliierten Sektoren (West-Berlin) ab. Kurz darauf folgte der → **Mauerbau**. Die bestehenden Grenzbefestigungen zwischen der DDR und der Bundesrepublik Deutschland wurden danach zu einer unüberwindbaren Grenzanlage ausgebaut.
Ganz anders verlief die Entwicklung der Bundesrepublik Deutschland nach 1949. Sie wurde eine stabile → *parlamentarische Demokratie*, die sich durch freie Wahlen auszeichnete und die Grundrechte durch unabhängige Gerichte garantierte. Auch das wirtschaftliche System der Bundesrepublik unterschied sich von dem der DDR. Hier konnten die Menschen im Rahmen der → **Sozialen Marktwirtschaft** frei Unternehmen gründen und produzieren, was gebraucht und nachgefragt wurde. Zugleich sorgte der Staat dafür, die Risiken

▲ **Bau der Mauer vor dem Brandenburger Tor in Berlin**
Foto vom 22. November 1961 (Ausschnitt)
Nach der Abriegelung der Grenze mit Straßensperren und Stacheldraht am 13. August 1961 ließ die DDR-Regierung wenige Tage später – wie hier am Brandenburger Tor – eine Mauer errichten (→ *Mauerbau*). Allein an den Absperrungen um West-Berlin, einschließlich der Mauer, gab es zwischen 1961 und 1989 mindestens 136 Todesopfer. Insgesamt starben an der 1 378 km langen innerdeutschen Grenze etwa 600 Menschen.

der → *Marktwirtschaft* (z. B. soziale Benachteiligungen, Arbeitslosigkeit) für die Arbeitnehmerinnen und Arbeitnehmer durch sozialpolitische Maßnahmen zu vermindern.

Die westdeutsche Wirtschaft boomte, was die Integration der Heimatvertriebenen (→ *Flucht und Vertreibung*) erleichterte. Ab 1955 wurden Männer und Frauen aus anderen Ländern (z. B. Italien, Spanien und Türkei) angeworben, um in den westdeutschen Unternehmen zu arbeiten. Viele dieser Arbeitsmigrantinnen und -migranten, die missverständlich als → **„Gastarbeiter"** bezeichnet wurden, blieben dauerhaft in der Bundesrepublik Deutschland.

Nach dem → *Holocaust* schien kein jüdisches Leben mehr in Deutschland denkbar. Mit Wiedergutmachungsleistungen sowie mit Eingliederungshilfen für Holocaust-Überlebende bemühten sich die Regierungen nach 1949 um eine enge Zusammenarbeit mit Israel und den hier lebenden Jüdinnen und Juden. Lebten Anfang der 1950er-Jahre nur noch etwa 20 000 Jüdinnen und Juden in Deutschland, registrierte der Zentralrat der Juden in Deutschland 2020 rund 94 000.

Ende der 1960er-Jahre wurde die Bundesrepublik von einer breiten, linksorientierten Protestbewegung vor allem von Studierenden erfasst. Diese → **68er-Bewegung** stellte überkommende Autoritäten und Verhaltensweisen infrage, protestierte gegen den Vietnam-Krieg (→ *Kalter Krieg*) und forderte politische, wirtschaftliche und gesellschaftliche Veränderungen.

Die → **Reformen der sozial-liberalen Koalition** aus FDP und SPD unter → *Brandt* prägten nach 1969 den gesellschaftlichen und politischen Wandel der Bundesrepublik. Sie stärkten die Rechte von Frauen, setzten das Wahlalter auf 18 Jahre herab, sicherten den Arbeitnehmerinnen und Arbeitnehmern mehr Mitspracherechte in der Wirtschaft und modernisierten den Strafvollzug. Linksextremistischer → *Terrorismus* erschwerte die Regierungsarbeit der sozial-liberalen Koalition in der Bundesrepublik in den 1970er-Jahren. Der menschenverachtende Terrorismus blieb in den folgenden Jahren nicht auf „linke" Täter beschränkt. Auch Rechtsextremisten bedrohten mit ihren Terroranschlägen die Demokratie.

Die sozial-liberale Koalition bemühte sich auch, Freiheiten für die Menschen in der DDR zu erreichen. Dies schien am besten durch eine Zusammenarbeit mit der DDR-Führung zu gelingen („Wandel durch Annäherung"). → **1972** wurde der **Grundlagenvertrag** abgeschlossen, mit dem das Verhältnis zwischen Bundesrepublik und DDR auf eine neue Basis gestellt wurde. Doch konnte die Bundesrepublik nur wenige Verbesserungen erreichen, etwa die Ausreise von einzelnen Oppositionellen aus der DDR. Die aus den Friedens-, Menschenrechts- und Umweltgruppen entstandenen Bürgerbewegungen protestierten immer offener gegen die politische Unterdrückung. Eine dramatisch schlechter werdende wirtschaftliche Lage, der sich abzeichnende *Umbruch im Ostblock* → *ab 1989/90* sowie die zunehmende Zahl der Menschen, die mit und ohne Genehmigung die DDR verließen, brachten das SED-Regime ins Wanken. Ab Herbst 1989 demonstrierten mehr und mehr Bürgerinnen und Bürger im ganzen Land (Montagsdemonstrationen). Sie forderten u. a. politische Mitsprache, Meinungs- und Reisefreiheit sowie ein Ende der SED-Herrschaft. Diesmal kam die sowjetische Besatzungsmacht der DDR nicht zu Hilfe. Am → **9. November 1989** mussten die DDR-Grenzschützer auf Druck der Menschen die 1961 in Berlin errichtete Mauer und danach die gesamte **innerdeutsche Grenze öffnen**. Das war der Anfang vom Ende der SED-Regimes. Bei den ersten freien Wahlen in der DDR vom 18. März 1990 gewannen die Parteien, die die Wiedervereinigung wollten. Nachdem die Siegermächte des Zweiten Weltkrieges der Wiedervereinigung beider deutscher Staaten zugestimmt hatten, wurde am → **3. Oktober 1990** die **Deutsche Einheit** durch den Beitritt der DDR zum Geltungsbereich des Grundgesetzes vollzogen. Seitdem ist die → *Deutsche Frage* gelöst und der 3. Oktober Nationalfeiertag der Deutschen. Er wird alljährlich als „Tag der Deutschen Einheit" begangen.

Michael Mayer

Kartentipp:
Die animierte Karte zum Bau der Berliner Mauer siehe unter Code **31511-22**.

Tipp:
Eine Grafik zur Wiedervereinigung siehe unter Code **31511-23**.

10.2 Chancen und Herausforderungen in einer globalisierten Welt

1963	Deutsch-französischer Freundschaftsvertrag (Élysée-Vertrag)
1992	Gründung der Europäischen Union (Vertrag von Maastricht)
11. September 2001	Anschlag auf das World Trade Center in New York durch islamistische Terroristen

Trotz gegensätzlicher weltanschaulicher Positionen der Siegermächte des *Zweiten Weltkrieges* (→ *1939-1945*) wurde 1945 die → **UNO** („United Nations Organization", auch „Vereinte Nationen") als Nachfolgeorganisation des → *Völkerbundes* gegründet. Ihr gehören heute fast alle Staaten der Welt an. Die Hauptziele der UNO sind die Sicherung des Friedens und die Förderung der internationalen Zusammenarbeit. Obwohl sich die Mitgliedstaaten zur friedlichen Beilegung von Konflikten verpflichten, waren die meisten Friedensbemühungen der UNO nicht erfolgreich. Die gegensätzlichen nationalen und ideologischen Interessen der fünf ständigen Mitglieder des Sicherheitsrates waren dafür mitverantwortlich. Das änderte sich auch nicht grundsätzlich nach dem Ende des → *Kalten Krieges*. Die Bemühungen der UNO, die Folgen von Armut, Hunger, Kinderarbeit und Krankheiten zu lindern sowie das Elend von Flüchtlingen, Verfolgten und Vertriebenen zu bekämpfen, trugen trotz alledem dazu bei, die Welt friedlicher zu machen.

▲ **Logo der UNO**
Zum System der UNO siehe S. 79.

Nach dem Zweiten Weltkrieg strebten früher verfeindete Staaten wie Deutschland und Frankreich mit amerikanischer Unterstützung die → **Europäische Integration** an. In einem geeinten Europa sahen sie die beste Möglichkeit für eine friedliche und demokratische Entwicklung und für einen wirtschaftlichen Wiederaufstieg Europas sowie einen Schutz gegen die kommunistische Bedrohung (Blockbildung). Als erster Schritt des europäischen Integrationsprozesses erwies sich die Gründung der „Europäischen Gemeinschaft für Kohle und Stahl" (EGKS) von 1951. Frankreich, Italien, die Beneluxstaaten (Belgien, Niederlande und Luxemburg) und die Bundesrepublik Deutschland bildeten ab 1952 einen gemeinsamen Markt (ohne Zölle, Subventionen etc.) für Kohle, Eisenerz, Stahl und Schrott. Der Erfolg ermunterte die Mitgliedstaaten, 1957 die „Europäische Wirtschaftsgemeinschaft" (EWG) zu gründen. In den „Römischen Verträgen" vereinbarten sie, die Binnenzölle schrittweise abzuschaffen und eine gemeinsame Landwirtschaftspolitik zu betreiben. Eine Voraussetzung für die Fortsetzung der europäischen Einigung war die deutsch-französische Verständigung. Der französische Staatspräsident → *de Gaulle* und der deutsche Bundeskanzler → *Adenauer* trieben sie voran. Erster Höhepunkt der Beziehungen war der

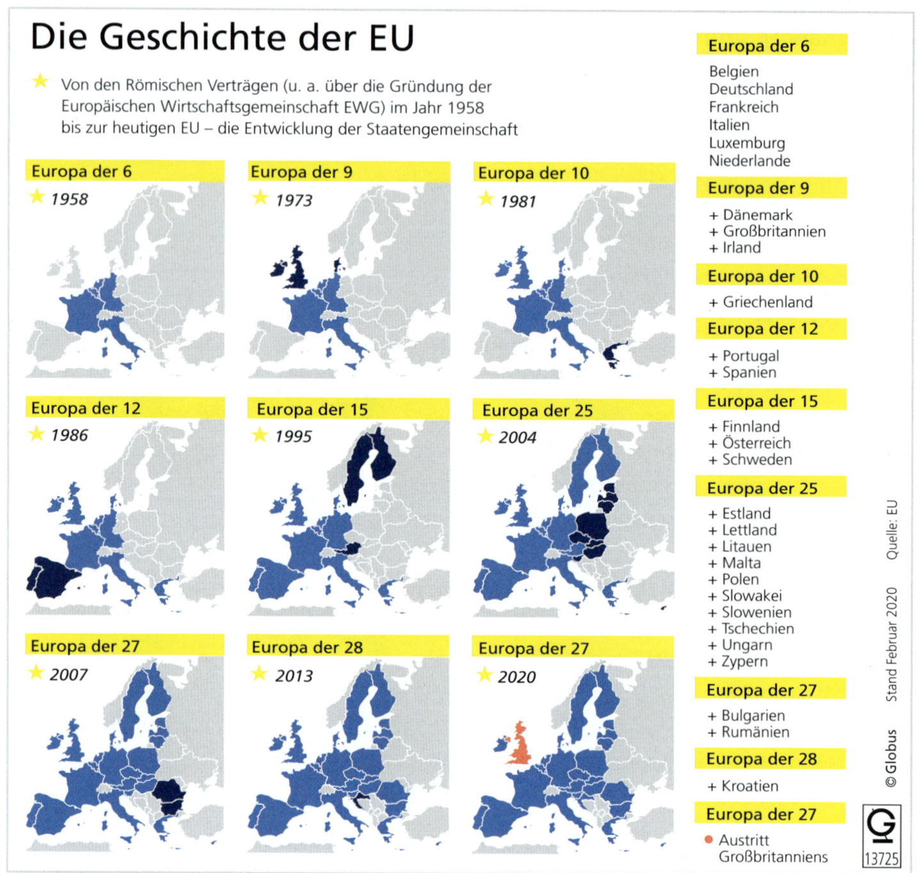

▲ **Die Entwicklung der Europäischen Union (1958 bis 2020)**

deutsch-französische Freundschaftsvertrag (Élysée-Vertrag) von → 1963, in dem eine Zusammenarbeit in der Außen- und Sicherheits-, der Bildungspolitik sowie der Jugendarbeit beschlossen wurde.

Gleichzeitig war der europäische Einigungsprozess weitergegangen. Aus dem „Europa der 6" (1957) war bis 1973 das „Europa der 9" geworden. 1979 wählten die Bürgerinnen und Bürger der neun Mitgliedstaaten erstmals ein Europäisches Parlament. Ab 1986 bemühten sich zwölf Staaten um eine gemeinsame Wirtschafts-, Außen- und Sicherheitspolitik. Der → **1992** ausgearbeitete Vertrag von Maastricht wurde die Gründungsurkunde der „**Europäischen Union**". Er vertiefte die Zusammenarbeit, führte die europäische Unionsbürgerschaft ein und stellte die Weichen für die Einführung des Euro, der gemeinsamen Währung (1999/2001).

Mit dem Ende des Kalten Krieges zerfielen 1991 sowohl das militärische Bündnis des Ostblocks, der → *Warschauer Pakt*, sowie die Wirtschaftsorganisation der Ostblockstaaten, der „Rat für Gegenseitige Wirtschaftshilfe“ (RGW). Unter der Führung Russlands schlossen sich einige ehemalige Sowjetrepubliken 1991 in der „Gemeinschaft Unabhängiger Staaten“ (GUS) zusammen. Viele ehemalige „Ostblockstaaten“ bemühten sich nach 1991 um Aufnahme in die → *NATO* und in die EU. Sie wurden dabei vom wiedervereinten Deutschland (→ *3. Oktober 1990*) unterstützt. Die Aufnahmebedingungen waren 1993 in Kopenhagen festgelegt worden. Die Anerkennung des bestehenden EU-Rechts, eine demokratische Staatsordnung und die Ablehnung der → *Planwirtschaft* zählen dazu. 2004 konnten zehn, 2007 zwei weitere mittel- und osteuropäische Staaten der EU neu beitreten. Gleichzeitig zur → **Osterweiterung der EU** wurde die → *NATO* zum späteren Missfallen Russlands erweitert: 1999 wurden Polen, Ungarn und die Tschechische Republik aufgenommen, 2004 folgten Litauen, Lettland und Estland. Parallel dazu bemühte man sich, die europäischen Institutionen zu reformieren. Unter der deutschen Ratspräsidentschaft wurde 2007 in Lissabon eine Vertragsreform auf den Weg gebracht, die u. a. die Zuständigkeit der EU in der Außen- und Sicherheitspolitik regelte.

The New York Times

U.S. ATTACKED

HIJACKED JETS DESTROY TWIN TOWERS AND HIT PENTAGON IN DAY OF TERROR

▲ **„U.S. Attacked“**
Schlagzeile der „New York Times“ vom 12. September 2001

Der steile Aufstieg der kommunistischen Volksrepublik China seit den 1990er-Jahren zu einer führenden Wirtschaftsmacht beschleunigte den Prozess der → **Globalisierung**: der wirtschaftlichen Verflechtung und Entstehung globaler Märkte und weltweiter Arbeitsteilung. Diese Entwicklung, die durch die Verbreitung des Internets, die zunehmende Mobilität beim Transport von Gütern sowie durch die Internationalisierung der Finanzmärkte beschleunigt wird, stellen gesellschaftliche und politische Herausforderungen dar. Die Diskussion um die Einhaltung der → *Menschenrechte* und um den Klimaschutz zählen dazu. Auch der internationale Kampf gegen den politisch und religiös motivierten → **Terrorismus** ist eine Erscheinungsform der Globalisierung. Seit dem Ende der 1960er-Jahre verüben extremistische Gruppierungen überall auf der Welt Anschläge, Morde und Entführungen, um Angst und Schrecken zu verbreiten und politischen Druck auszuüben. Höhepunkt des bisherigen Terrorismus waren die **Anschläge radikal-islamistischer Terroristen** auf das World Trade Center in New York und das US-Verteidigungsministerium (Pentagon) in Washington vom → **11. September 2001**, bei denen mehr als 3 000 Menschen starben. Die USA und ihre Verbündeten reagierten darauf mit der Invasion in Afghanistan, wo sie die Drahtzieher der Attentate vermuteten. Dort bemühte sich die internationale Gemeinschaft, darunter die Bundesrepublik Deutschland, die operative Basis der Terroristen zu zerstören, die Schreckensherrschaft der Taliban („Koranschüler“) zu beenden, die junge Demokratie zu stärken und humanitäre Hilfe zu leisten. Nach zwanzig Jahren zog sie 2021 ihre Truppen aus Afghanistan ab, ohne ihre Ziele erreicht zu haben.

Klaus Dieter Hein-Mooren

Daten

Die Angaben folgen den „Definitionen Grundlegender Daten und Begriffe im LehrplanPLUS Geschichte" (Stand 21. April 2021). Grüne ➜ verweisen auf das Lexikon der **Begriffe** *(siehe S. 61 ff.), blaue ➜ auf das Verzeichnis der* **Personen** *(siehe S. 82 ff.).*

ab ca. 3000 v. Chr.	➜ *Hochkultur* in Ägypten
753 v. Chr.	Mythische (der Sage nach) Gründung Roms
5. Jh. v. Chr.	Blütezeit Athens
1. Jh. v. Chr.	Übergang Roms von der ➜ *Republik* zum ➜ *Prinzipat* (Kaiserzeit)
um Christi Geburt	Zeitalter des ➜ *Augustus*
um 500	Reichsbildung der Franken: Die fränkischen Stämme vereinigten sich und bildeten ein stabiles, christlich (➜ *Christentum*) geprägtes Fränkisches Reich, in dem sich germanische und römische Elemente verbanden.
800	Kaiserkrönung ➜ *Karls des Großen* in Rom
962	Kaiserkrönung ➜ *Ottos des Großen* in Rom
um 1200	Kulturelle Blüte zur Zeit der ➜ *Staufer*
1453	Eroberung Konstantinopels durch die Osmanen und dadurch Ende des Oströmischen Reiches
1492	„Entdeckung" Amerikas durch ➜ *Kolumbus*
1517	Beginn der ➜ *Reformation*
1618-1648	Dreißigjähriger Krieg
17./18. Jh.	➜ *Absolutismus* in Europa
1776	Amerikanische Unabhängigkeitserklärung: Mit der am 4. Juli 1776 verabschiedeten „Declaration of Independence" erklärten die britischen Kolonien in Nordamerika ihre Loslösung von Großbritannien und beanspruchten das Recht zur Bildung eines eigenständigen Staatenbundes. Die Erklärung gilt als Geburtsstunde der Vereinigten Staaten von Amerika.
1789	Beginn der Französischen Revolution: Durch die Französische Revolution wurde die absolutistische Monarchie (➜ *Absolutismus*; ➜ *Monarchie*) in Frankreich gestürzt. Die Bezeichnung „Revolution" verdeutlicht, dass dieser tief greifende politische und gesellschaftliche Umbruch in verhältnismäßig kurzer Zeit stattfand (➜ *Revolution*).
1806	Ende des ➜ *Heiligen Römischen Reiches Deutscher Nation*

1806	Gründung des Königreiches Bayern
1815	Wiener Kongress
1832	Hambacher Fest
1848/49	→ *Revolution* in Deutschland mit dem Ziel, einen Nationalstaat (→ *Nation*) auf der Basis einer liberalen (→ *Liberalismus*) → *Verfassung* zu begründen.
1871	Deutsche Reichsgründung
1914-1918	Erster Weltkrieg
1917	Kriegseintritt der USA und Russische Revolution (→ *Revolution*)
1918	Novemberrevolution (→ *Revolution*:) in Deutschland; 9. November 1918: Abdankung des Kaisers und Ausrufung der → *Weimarer Republik*
1923	Krisenjahr der → *Weimarer Republik*, u. a. Hitler-Putsch (→ *Hitler*, → *Putsch*)
1929	Beginn der Weltwirtschaftskrise
30. Januar 1933	Ernennung Adolf → *Hitlers* zum Reichskanzler
9. November 1938	→ *Novemberpogrome*: Vom NS-Regime (→ *Nationalsozialismus*) organisierte und gesteuerte Gewaltmaßnahmen gegen jüdische Deutsche, in deren Verlauf es u. a. zu Morden und gewaltsamen Übergriffen kam, zahlreiche Synagogen und Geschäfte in jüdischem Besitz zerstört und tausende Juden in Konzentrationslager (→ *Konzentrations- und Vernichtungslager*) verschleppt wurden.
1939-1945	Zweiter Weltkrieg
20. Juli 1944	Attentat auf → *Hitler* durch den militärischen Widerstandskreis (→ *Widerstand*) um Graf von → *Stauffenberg*
8./9. Mai 1945	→ *Bedingungslose Kapitulation* Deutschlands
1946	→ *Verfassung* des Freistaates Bayern
1949	Gründung der beiden deutschen Staaten: Bundesrepublik Deutschland (BRD) und Deutsche Demokratische Republik (DDR)
17. Juni 1953	Aufstand von Bürgerinnen und Bürgern in der Deutschen Demokratischen Republik gegen das SED-Regime
1961/62	Kuba-Krise: durch die Stationierung von Atomraketen auf Kuba ausgelöste Konfrontation zwischen den USA und der UdSSR, die beinahe zu einem militärischen Konflikt geführt hätte (Höhepunkt des → *Kalten Krieges*).

1963	Deutsch-französischer Freundschaftsvertrag (Élysée-Vertrag)
1972	Grundlagenvertrag zwischen der Bundesrepublik Deutschland und der Deutschen Demokratischen Republik. Wesentlicher Inhalt ist die gegenseitige Anerkennung beider Staaten.
9. November 1989	Öffnung der innerdeutschen Grenze; Fall der Mauer (→ *Mauerbau*)
ab 1989/90	Umbruch im Ostblock: → *Revolution* in vielen Staaten des Ostblocks (in Polen, Ungarn, der Tschechoslowakei, Rumänien und der DDR) weg von → *Sozialismus* und → *Planwirtschaft* hin zu → *Demokratie*, Freiheit und → *Marktwirtschaft*. Diese wurden durch die Reformpolitik → *Gorbatschows* in der UdSSR (→ *Glasnost und Perestroika*) begünstigt und führten schließlich zur Auflösung des Ostblocks.
3. Oktober 1990	Vollzug der Deutschen Einheit durch den Beitritt der DDR zum Geltungsbereich des → *Grundgesetzes*, seither als „Tag der Deutschen Einheit" deutscher Nationalfeiertag
1992	Gründung der Europäischen Union (Vertrag von Maastricht)
11. September 2001	Anschlag auf das World Trade Center in New York durch islamistische Terroristen (→ *Terrorismus*)

Nach: www.historisches-forum.bayern.de/fileadmin/user_upload/historisches_forum/GDB_Geschichte_LPP_21.04.2021.pdf (Zugriff: 08.06.2021); Querverweise hinzugefügt.

Begriffe

*Die mit * gekennzeichneten Begriffe folgen den „Definitionen Grundlegender Daten und Begriffe im LehrplanPLUS Geschichte" (Stand 21. April 2021). Orange → verweisen auf die Übersicht der* **Daten** *(siehe S. 58 ff.), blaue → auf das Verzeichnis der* **Personen** *(siehe S. 82 ff.).*

Ablass, -handel: Nachlass von zeitlichen Strafen nach dem Tod für Sünden gegen bestimmte Leistungen (Geldspende, Teilnahme an einer Wallfahrt oder an einem → *Kreuzzug*). Voraussetzungen für den Ablass waren Reue, Beichte und Freisprechung von den Sünden (Absolution) durch einen Priester. → *Luther* kritisierte in der → *Reformation* den Ablasshandel, mit dem die weltlichen und geistlichen Herren ihre Einkünfte steigerten.

Absolutismus*: Herrschaftsform in Europa im → *17./18. Jh.*, in der die → *Könige* bzw. Fürsten ihre Herrschaft von Gott ableiteten und den Anspruch erhoben, völlig uneingeschränkt zu regieren.

Acht: → *Reichsacht*

68er-Bewegung*: Linksorientierte Protestbewegung vor allem von Studierenden ab den späten 1960er-Jahren gegen die damaligen politischen, wirtschaftlichen und gesellschaftlichen Verhältnisse in der Bundesrepublik Deutschland, die eine stärkere Bürgerbeteiligung und Modernisierung der Gesellschaft anstieß (→ *Reformen der sozial-liberalen Koalition*).

Adel*: Im → *Mittelalter* und bis ins 19. Jh. herrschender Stand (→ *Stände*), der sich durch Abstammung, Besitz, Vorrechte und eigene Lebensformen von der übrigen Gesellschaft abhob. In Deutschland wurde der Adel nach der Novemberrevolution (→ *1918*) 1919 abgeschafft, doch durfte der Adelstitel noch weiterhin im Namen geführt werden.

Altsteinzeit*: Ältester Zeitabschnitt der Menschheitsgeschichte (vor ca. 2 Mio. Jahren bis ca. 10.000 v. Chr.), in dem Frauen und Männer als Jäger und Sammler umherzogen. Stein war ein wichtiger Werkstoff für die Herstellung von Waffen und Werkzeugen.

Anti-Hitler-Koalition: Die von 1941 bis 1945 verbündeten Gegner des nationalsozialistischen Deutschland (→ *Nationalsozialismus*). An der Spitze der Koalition standen die USA, Großbritannien und die Sowjetunion. Die „Großen Drei" besprachen auf den Kriegskonferenzen ihre Zusammenarbeit und legten ihre Ziele fest, wie z. B. die → *bedingungslose Kapitulation* auf der Konferenz von Casablanca 1943 oder die → *Entnazifizierung* und Demontagen auf der → *Potsdamer Konferenz* 1945.

Antike*: Griechisch-römisches Altertum, also der Zeitraum, in dem die Griechen und Römer den Mittelmeerraum beherrschten bzw. kulturell prägten (ca. 1.000 v. Chr. bis 500 n. Chr.)

Antisemitismus*: Allgemein Feindschaft und Hass gegenüber Jüdinnen und Juden (→ *Judentum*), die u. a. in der Zeit des → *Nationalsozialismus* rassistisch motiviert waren und pseudowissenschaftlich begründet wurden. Diese Form des Antisemitismus war ein zentraler Bestandteil der → *Ideologie* des Nationalsozialismus: Nationalsozialisten teilten die Menschheit in minderwertige und höherwertige Rassen ein (→ *Rassismus*), wobei sie eine vermeintliche „jüdische Rasse" als minderwertig, die „arische Rasse" als höherwertig definierten. Ihre rassistischen Vorstellungen verknüpften sie mit älteren Erscheinungsformen der Judenfeindschaft, die z. B. auf religiösen und sozialen Motiven beruhten. Der NS-Antisemitismus bildete eine wesentliche Grundlage für die Ermordung der europäischen Jüdinnen und Juden durch die Nationalsozialisten (→ *Holocaust bzw. Shoa*).

Arbeiterbewegung: Zusammenschluss von Arbeiterinnen und Arbeitern, um ihre soziale, wirtschaftliche und politische Benachteiligung zu beseitigen. Den Anfang der deutschen Arbeiterbewegung bildeten kleine Gesellen- und Handwerkervereine. Die *Allgemeine Deutsche Arbeiterverbrüderung* von 1848 forderte ein allgemeines, gleiches Wahlrecht und einen spürbaren Beitrag der Regierungen zur Lösung der → *Sozialen Frage* im Verlauf der → *Industrialisierung*. Wichtige Aufgaben in der Arbeiterbewegung übernahmen die Gewerkschaften und der 1863 gegründete *Allgemeine Deutsche Arbeiterverein*, die Keimzelle der *Sozialdemokratischen Partei Deutschlands* (SPD).

Aristokratie*: Herrschaftsform, bei der der → *Adel*, also die einflussreichsten Familien, die Macht besitzt.

Aufklärung*: Epoche der Geistesgeschichte im → *17./18. Jh.*, die sich auf die Vernunft stützte und viele Traditionen infrage stellte. Eine der wichtigsten Forderungen der Aufklärer lautete: „Habe Mut, dich deines eigenen Verstandes zu bedienen!" (*Immanuel Kant*)

Augsburger Religionsfriede: → *Westfälischer Friede*

Autokratie (dt. Selbstherrschaft): Keinen Ein- oder Widerspruch duldendes Herrschaftssystem, das als Gegensatz zur → *Demokratie* verstanden wird.

Bann: Kirchenstrafe, die den Verurteilten aus der Gemeinschaft der Gläubigen ausschloss. Der Bann konnte durch Buße aufgehoben werden („Gang nach Canossa").

Barock: Kunstrichtung vom Ausgang des → *Mittelalters* bis Mitte des 18. Jhs. Geschwungene und ovale Linien lösten die strengen Formen der → *Renaissance* ab.

Bedingungslose Kapitulation (engl. *unconditional surrender*): Eine von den Vereinigten Staaten und Großbritannien auf der Konferenz von Casablanca Anfang 1943 erhobene Forderung gegenüber Deutschland, Italien und Japan. Die für den Zweiten Weltkrieg (→ *1939-1945*) verantwortlichen Staaten sollten dazu gebracht werden, sich ohne Verhandlungen zu ergeben und den Siegermächten das Recht einräumen, ihre Staaten politisch neu zu ordnen. In Europa endete der Krieg mit der Kapitulation Deutschlands am → *8./9. Mai 1945*.

Bischof (griech. *episkopos* = Aufseher): Gemeindevorsteher. Bischöfe überwachten in der → *Antike* und im → *Mittelalter* die Einhaltung der Glaubenslehre, weihten die Priester und durften über die Angehörigen der Kirche richten. Sie stammten meist aus dem hohen → *Adel*.

Bolschewismus: Die Bezeichnung geht zurück auf die Spaltung der Sozialdemokratischen Arbeiterpartei Russlands in Menschewiki (= Minderheitler) und Bolschewiki (= Mehrheitler). Tatsächlich hatten die Bolschewiki keine Mehrheit in der Sozialdemokratischen Arbeiterpartei. Unter → *Lenins* Führung wollten sie die Macht mit einer kleinen Gruppe von Berufsrevolutionären gewaltsam übernehmen. Nach der Russischen Revolution von → *1917* (→ *Revolution*) errichteten sie eine „Diktatur des Proletariats" (→ *Diktatur*, → *Proletariat*), um eine angeblich klassenlose Gesellschaft zunächst in Russland und dann auf der ganzen Welt zu verwirklichen (→ *Sozialismus*). Die Begriffe Bolschewismus und → *Kommunismus* wurden später oft für die gleiche Sache benutzt.

Bürger*: Im → *Mittelalter* die Einwohner einer Stadt, die das Bürgerrecht besaßen und damit politisches Mitspracherecht hatten (z. B. Wahl des Stadtrates). Heute bezeichnet der Begriff überwiegend Bewohnerinnen und Bewohner eines Staates, welche die Staatsbürgerschaft besitzen.

Bürgertum*: Gesellschaftsschicht aus Kaufleuten, Gelehrten, Beamten und Handwerkern, die in den Städten entstand (→ *Bürger*) und in den Zeiten der → *Aufklärung* und der → *Industrialisierung* eine wichtige Rolle spielte.

Christentum*: Die auf Jesus Christus, sein Leben und sein Wirken begründete monotheistische Religion (= Glaube an einen Gott), deren heilige Schrift die Bibel ist.

„Cuius regio, eius religio": → *Westfälischer Friede**

Dekolonisierung: → *Entkolonialisierung**

Demokratie*: Herrschaftsform, in der das Volk über die Politik bestimmt. Die ursprüngliche Form entstand in der → *Polis* Athen im 6. und 5. Jh. v. Chr. In ihr konnten alle männlichen Bürger in der Volksversammlung direkt über Sachfragen abstimmen (direkte Demokratie). Frauen, Fremde und → *Sklaven* besaßen keine politischen Rechte. Im Gegensatz dazu basiert der moderne Demokratiebegriff auf den für alle geltenden

→ *Menschenrechten* wie Freiheit und Gleichheit. Zudem werden in den meisten modernen Demokratien im Unterschied zur direkten Demokratie in der → *Antike* in der Regel Volksvertreter (Abgeordnete) in → *Parlamente* gewählt, die dort stellvertretend für alle Bürgerinnen und Bürger beraten und entscheiden (repräsentative Demokratie).

Deutsche Frage*: Nach 1945 Bezeichnung für das Problem der Teilung Deutschlands (→ *Potsdamer Konferenz*); dabei vertrat die → *1949* gegründete Bundesrepublik Deutschland (BRD) das Ziel, diese durch eine Wiedervereinigung in Frieden und Freiheit zu überwinden. Dagegen strebte die im selben Jahr gegründete Deutsche Demokratische Republik (DDR) zunächst ein sozialistisches (→ *Sozialismus*) Gesamtdeutschland an. Als dieses nicht zu realisieren war, beharrte sie auf ihrer Eigenständigkeit.

Deutscher Bund*: Auf dem Wiener Kongress (→ *1815*) gegründeter loser deutscher Staatenbund, der 35 Staaten und vier freie Städte umfasste.

Deutsches Kaiserreich*: → *1871* nach den Einigungskriegen als konstitutionell-monarchischer Nationalstaat (→ *konstitutionelle Monarchie*; → *Nation*) gegründet; → *1918* im Zuge der Novemberrevolution nach dem Ersten Weltkrieg (→ *1914 - 1918*) aufgelöst.

Diktator*: Befehlshaber mit uneingeschränkter Befehlsgewalt; in der Römischen → *Republik* außerordentliches Amt, nur in Notzeiten für sechs Monate bestimmt. In der → *Neuzeit* wird ein mit unbegrenzter Macht herrschender Staatschef in autoritären oder totalitären Staaten (→ *Totalitarismus*) als Diktator bezeichnet.

„Diktatur des Proletariats": Konzept des → *Kommunismus*: Die Arbeiterklasse bzw. ihre Partei übernimmt bei einem gewissen Entwicklungsstand einer industrialisierten Gesellschaft die Macht im Staat und enteignet die bisherige „Ausbeuterklasse", die Kapitalisten (Bourgeoisie, Unternehmer, → *Kapitalismus*). Die „Diktatur des Proletariats" ist demnach die erste Stufe auf dem Weg in die sozialistische, klassenlose Gesellschaft ohne Staat und Privateigentum (→ *Sozialismus*, → *Kommunismus*).

„Drittes Reich": Nach dem Zusammenbruch von → *1918* tauchte unter national denkenden Politikern (→ *Nationalismus*) die Forderung auf, nach den beiden deutschen Kaiserreichen (962 - 1806 und 1871 - 1918) ein „Drittes Reich" entstehen zu lassen. Mit der → *„Machtergreifung"* der Nationalsozialisten (→ *Nationalsozialismus*) von → *1933* wurde es üblich, vom „Dritten Reich" zu sprechen.

„Dritte Welt": Bezeichnung für die Staaten in Ost und West, die in der Zeit des → *Kalten Krieges* einen „dritten Weg" zwischen den kapitalistischen („Erste Welt"; → *Kapitalismus*) und den kommunistischen Staaten („Zweite Welt"; → *Kommunismus*) suchten. Der Begriff wurde nach dem Kalten Krieg zum Synonym für alle „Entwicklungsländer", deren Wirtschaft sowohl hinter den kapitalistischen als auch hinter den sozialistischen Ländern zurückblieb.

Entkolonialisierung*: Seit Ende des Zweiten Weltkrieges (→ *1939-1945*) stattfindende Loslösung und Befreiung der afrikanischen und asiatischen Staaten von der Kolonialherrschaft (→ *Kolonisation*) der Europäer unter Berufung auf das Selbstbestimmungsrecht der Völker.

Entnazifizierung*: Maßnahmen der Besatzungsmächte zur Beseitigung des → *Nationalsozialismus*; Maßnahmen waren u. a. ein Verbot der NSDAP und ihrer Organisationen, die Strafverfolgung führender Kriegsverbrecher sowie massenhafte „Entnazifizierungsverfahren" vor Spruchkammern (→ *Potsdamer Konferenz*).

Entspannungspolitik: Nach der Kuba-Krise von → *1961/62* bemühten sich die westlichen Regierungen unter Führung der USA gegenüber der Sowjetunion und anderen kommunistischen Staaten (→ *Kommunismus*) um eine andere Politik. Bessere politische, wirtschaftliche und kulturelle Beziehungen sowie Vereinbarungen über Rüstungskontrolle und Gewaltverzicht sollten helfen, den Ost-West-Gegensatz (→ *Kalter Krieg*) zu überwinden. Die von Bundeskanzler → *Brandt* (SPD) betriebene Neue Ostpolitik war Teil der Entspannungspolitik.

„Ermächtigungsgesetz"*: Bezeichnung für ein im März 1933 vom Reichstag (→ *Parlament*) verabschiedetes Gesetz, das die Gesetzgebungsvollmachten vom Reichstag auf die Regierung → *Hitler* übertrug und damit die → *Gewaltenteilung* beseitigte.

Europäische Integration*: Prozess des Zusammenwachsens der europäischen Staaten mit dem Ziel eines geeinten Europas.

„Euthanasie" (= „guter" oder „leichter Tod"): Mit diesem greichischen Begriff wurde während des → *„Dritten Reiches"* (→ *Nationalsozialismus*) die Ermordung an behinderten, unheilbar erkrankten sowie altersschwachen Menschen verschleiert.

Faschismus: extrem nationalistische (→ *Nationalismus*), antidemokratische (→ *Demokratie*), rassistische (→ *Rassismus*) und antikommunistische (→ *Bolschewismus*, → *Kommunismus*) politische Bewegung. Sie entstand in den 1920er-Jahren in Italien und fand in vielen Ländern Anhänger. Im Deutschen Reich vertraten die Nationalsozialisten unter → *Hitler* eine besonders menschenverachtende Form des Faschismus, den → *Nationalsozialismus*.

Feudalismus (von lat. *feodum*, *feudum* = Lehngut): die Zeit, in der → *Lehnswesen* und → *Grundherrschaft* die Voraussetzung für wirtschaftliche und politische Macht in Europa waren; sie dauerte bis ins 19. Jh. hinein.

Flucht und Vertreibung*: Gemeint ist sowohl die seit 1944 einsetzende Massenflucht der deutschen Bevölkerung vor der sowjetischen Armee als auch die von den Alliierten auf der → *Potsdamer Konferenz* beschlossene Ausweisung und Zwangsumsiedlung der Deutschen aus den ehemals deutschen Siedlungsgebieten östlich der Oder-Neiße-Linie.

Föderalismus (von lat. *foedus* = Bund, Bündnis): Zusammenschluss von Einzelstaaten zu einem Gesamtstaat (Bund); die Einzelstaaten behalten ihre Eigenstaatlichkeit, geben aber bestimmte Rechte wie zum Beispiel die Außen- und Sicherheitspolitik an den Gesamtstaat (Bund) ab.

„Gastarbeiter"*: Missverständlicher Begriff für Arbeitsmigranten, die ab 1955 aus anderen Ländern (z. B. aus Italien, Spanien und der Türkei) angeworben wurden, um den Arbeitskräftemangel in der westdeutschen Wirtschaft auszugleichen. Trotz der anfänglich vorgesehenen Rückkehr blieben viele dauerhaft in der Bundesrepublik Deutschland.

Genozid: → *Völkermord*

Geschichte (lat. *historia*): Alles, was Menschen in der Vergangenheit gemacht haben und was durch → *Quellen* überliefert ist.

Gewaltenteilung*: Grundsatz, der die Teilung der Staatsmacht in drei Teilgewalten fordert. Legislative (gesetzgebende Gewalt, z. B. → *Parlament*), Exekutive (ausführende Gewalt, z. B. Regierung) und Judikative (rechtsprechende Gewalt, z. B. Richter) kontrollieren sich gegenseitig, um einen Machtmissbrauch zu verhindern.

Ghetto*: Von der übrigen Stadt oft durch Mauern und Tore abgetrenntes Wohngebiet der jüdischen Gemeinschaft (→ *Judentum*). Der Begriff „Ghetto" bezieht sich auf das „Gheto novo" genannte Wohnviertel der jüdischen Bevölkerung von Venedig, das Anfang des 16. Jhs. auf dem Gebiet einer Gießerei (ital. *ghettare*: Eisen gießen) ausgewiesen wurde. Während des Zweiten Weltkrieges (→ *1939 - 1945*) errichteten die Nationalsozialisten (→ *Nationalsozialismus*) in einigen osteuropäischen Städten Ghettos, die dazu dienen sollten, die jüdische Bevölkerung buchstäblich auszugrenzen und zu quälen. Heute bezeichnet „Ghetto" meist abwertend ein Viertel, dessen Bewohnerinnen und Bewohner nur wenige Beziehungen zur städtischen Umgebung pflegen.

Glasnost und Perestroika: Die Begriffe Glasnost (dt. Offenheit, Durchsichtigkeit) und Perestroika (dt. Umbau, Umgestaltung) stehen für → *Gorbatschows* Reformpolitik (→ *Reform*) in der Sowjetunion von 1985 bis 1991. Sie sollte die kommunistische Herrschaft (→ *Kommunismus*) sichern, erreichte aber das Gegenteil (→ *1989/90 Umbruch im Ostblock*).

„Gleichschaltung"*: Nationalsozialistische (→ *Nationalsozialismus*) Durchdringung und Erfassung nahezu aller Bereiche von Staat und Gesellschaft nach der Ernennung → *Hitlers* zum Reichskanzler (→ *30. Januar 1933*), z. B. durch die Aufhebung der Länder sowie durch die Einrichtung zahlreicher nationalsozialistischer Organisationen bei gleichzeitigem Verbot aller freien Parteien, Verbände, Vereine und anderer Zusammenschlüsse sowie der Steuerung aller Medien. Ziel war die Errichtung eines totalitären

Staates (→ *Totalitarismus*), der nicht nur das gesamte öffentliche, sondern auch wesentliche Teile des privaten Lebens kontrollierte.

Globalisierung*: Ursprünglich wirtschaftliche Verflechtung und Entstehung globaler Märkte und weltweiter Arbeitsteilung; heute auch ein politisches, gesellschaftliches und kommunikationstechnisches Phänomen.

Goldene Bulle: Gesetz von → *Kaiser* Karl IV. von 1356, das die Königswahl im → *Heiligen Römischen Reich Deutscher Nation* durch die → *Kurfürsten* regelte.

Gotik: Kunststil des europäischen → *Mittelalters*, der besonders ausgeprägt in der Baukunst der Kirchen hervortritt (Spitzbogen, Kreuzrippengewölbe etc.).

Gottesgnadentum: Rechtfertigung (Legitimation) der erblichen Herrschaft eines Monarchen (→ *Monarchie*) als direkt von Gott verliehen (→ *Absolutismus*).

Grundgesetz*: Demokratische (→ *Demokratie*) und menschenrechtsbasierte (→ *Menschenrechte*) → *Verfassung* der Bundesrepublik Deutschland aus dem Jahr → *1949*.

Grundherrschaft*: Herrschaftsform, bei der Grundherren (beispielsweise Herzöge, Grafen, Bischöfe, Äbte und Äbtissinnen) Land an unfreie Bauern vergaben. Diese bewirtschafteten es, zahlten Abgaben und leisteten Frondienste; im Gegenzug bekamen sie insbesondere Schutz und Sicherheit.

Grundrechte: Katalog von Freiheits- und Gleichheitsrechten, die in einer → *Verfassung* (z. B. in der → *Weimarer Reichsverfassung* von 1919 und im → *Grundgesetz* der Bundesrepublik Deutschland von → *1949*) stehen und vor Gericht eingeklagt werden können. Dagegen sind → *Menschenrechte* die unantastbaren und unveränderlichen Freiheiten und Rechte aller Menschen, die ihnen von Natur aus zustehen – unabhängig von Geschlecht, Herkunft, Religion, Staat und Gesellschaft (z. B. die „Allgemeine Erklärung der Menschenrechte" der → *UNO* von 1948) – und die nicht per Gericht durchgesetzt werden können.

Hanse: Gemeinschaft von Kaufleuten im Ost- und Nordseeraum. Unter Führung Lübecks entstand um die Mitte des 13. Jhs. ein Bund von freien Hansestädten, der bis zum 15. Jh. im Ostseeraum den Handel beherrschte und zugleich stärkste politische Macht war.

Hegemonie*: Vormachtstellung eines Staates in einer bestimmten Region.

Heiliges Römisches Reich Deutscher Nation: Bezeichnung für das im 10. Jh. entstandene deutsche Reich der abendländischen → *Kaiser*. Von den anderen Reichen wie Frankreich unterschied es sich dadurch, dass dessen Herrscher sich als Nachfolger der römischen Kaiser und als Schutzherren der römisch-katholischen Kirche verstanden. In den → *Quellen* finden wir erst seit dem 11./12. Jh. die Bezeichnung „Reich der Deutschen" (lat. *regnum teutonic[or]um*). Die Bezeichnung „Heiliges Reich" (lat. *sacrum* *imperium*) ist seit Mitte des 13. Jhs. nachweisbar. Ende des 15. Jhs. setzte sich für die deutschen Teile der von den habsburgischen Kaisern regierten Gebiete die Bezeichnung „Heiliges Römisches Reich Deutscher Nation" durch.

Hochkultur: Eine gegenüber dem einfachen bäuerlichen Leben weiterentwickelte Lebensform. Ihre Kennzeichen sind Städte, große Bauwerke (→ *Pyramiden*), Schrift (Hieroglyphen), Verwaltung, Religion, Rechtspflege, Handwerk, Handel und Arbeitsteilung. Erste Hochkulturen entstanden an den Flüssen Euphrat und Tigris in Mesopotamien (heute Anatolien, Irak und Syrien), am Nil (Ägypten) sowie am Indus in Indien und am Hwangho im Norden Chinas.

Holocaust bzw. Shoa*: Seit Ende der 1970er-Jahre übliche Bezeichnung für die systematische Ermordung von ca. sechs Millionen europäischer Jüdinnen und Juden durch das nationalsozialistische Deutschland (→ *Nationalsozialismus*; → *Konzentrations- und Vernichtungslager*). Aufgrund seiner Herkunft vom griechischen Begriff *holókaustos* („vollständig verbrannt") wird der Begriff Holocaust gelegentlich kritisiert, üblich ist daher auch der Begriff Shoa (auch Shoah bzw. Schoah geschrieben, hebräisch für „Katastrophe").

Ideologie: Vorstellung, die die Welt aus einer bestimmten Sicht erklärt und dazu auffordert, nach diesen Ideen zu handeln. Beispiele: → *Kommunismus*, → *Imperialismus*, → *Nationalismus* und → *Rassismus*.

Imperialismus*: Streben von Staaten nach weltweiter politischer Machtausdehnung und wirtschaftlichem Einfluss im ausgehenden 19. und beginnenden 20. Jh., z. B. durch die Gründung von Kolonien (→ *Kolonisation*); dabei spielten auch religiöses und kulturelles Sendungsbewusstsein sowie rassistische Einstellungen (→ *Rassismus*) eine Rolle.

Imperium (dt. Herrschaft, Reich): großräumiger Herrschaftsverband, der sich durch eine multiethnische Zusammensetzung der Untertanen sowie durch einen Überlegenheitsanspruch gegenüber Nachbarn und Konkurrenten auszeichnet (→ *Rassismus*).

Imperium Romanum (lat. *imperare* = befehlen): Das Weltreich der Römer in der → *Antike* Gebiete unter römischer Herrschaft.

Industrialisierung*: Von England ausgehende, tief greifende Veränderung der Arbeitsverhältnisse und der Gesellschaft durch den Einsatz von Maschinen im 19. Jh.

Inflation (lat. *inflatio* = Anschwellen): Anhaltende Geldentwertung durch Ansteigen aller Preise. Opfer der Inflation sind vor allem Menschen, die von Ersparnissen leben. Zu besonders starken Inflationen kam es nach dem Ersten Weltkrieg (→ *1914-1918*) in fast allen kriegführenden Staaten und nach dem Zweiten Weltkrieg (→ *1939-1945*). Zu den Ursachen zählte die enorme Staatsverschuldung wegen hoher Rüstungsausgaben vor und während der Kriege. Die Währungsreformen von → *1923* und 1948 beendeten sie.

Investitur, -streit (lat. *investire* = bekleiden):
→ *Könige*, → *Kaiser* und → *Päpste* stritten sich im 11./12. Jh. darüber, wer die → *Bischöfe*, Äbte und Äbtissinnen in ihre Besitzrechte und geistlichen Ämter einsetzen durfte. Der Investiturstreit endete im Deutschen Reich (→ *Heiliges Römisches Reich Deutscher Nation*) mit einem Vertrag zwischen Papst und König: dem „Wormser Konkordat" (1122). Darin verzichtete der Kaiser auf die Investitur der Bischöfe, Äbte und Äbtissinnen in ihr geistliches Amt. Er behielt sich aber vor, ihnen die weltlichen Vasallenpflichten und die dazugehörenden Rechte zu übertragen.

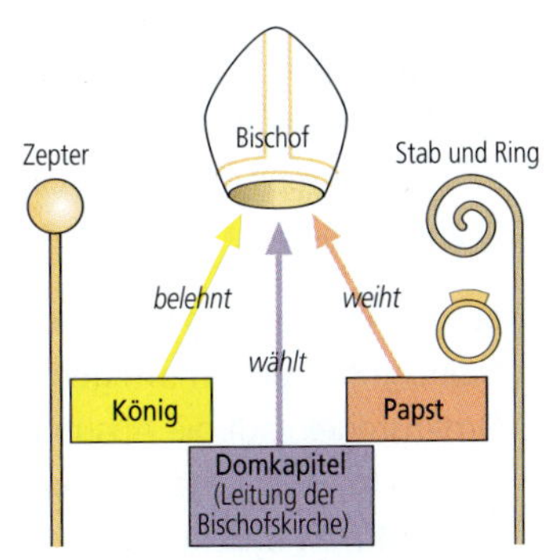

▲ **Das „Wormser Konkordat" 1122**

Islam*: Vom Propheten → *Mohammed* im 7. Jh. begründete monotheistische Religion (= Glaube an einen Gott), deren Anhänger (Musliminnen und Muslime) zu Allah beten. Die Glaubensgrundlage des Islam ist der Koran.

Judentum*: Älteste monotheistische Religion (= Glaube an einen Gott) und zugleich Gemeinschaft aller Jüdinnen und Juden. Der Kern der jüdischen Religion ist in der Thora (wörtlich Lehre, Weisung; die fünf Bücher Moses) grundgelegt.

Jungsteinzeit*: Zeitabschnitt ca. 10.000 bis 2.000 v.Chr., in dem das Klima sich erwärmte, die Menschen sesshaft wurden und in Dörfern lebten. Sie betrieben Ackerbau und Viehhaltung. Stein war noch immer ein wichtiger Werkstoff für Waffen und Werkzeuge.

Kaiser*: Höchster Herrschertitel, der im → *Mittelalter* an die Tradition des Römischen Kaiserreiches anknüpfte. Der Kaiser wurde im Mittelalter vom → *Papst* gekrönt und verstand sich als Schutzherr der Christenheit (→ *Christentum*). Zudem erhob er Anspruch auf die oberste weltliche Herrschaft über alle Menschen christlichen Glaubens.
Der Herrschertitel „Kaiser" hat seit → *Napoleon* mit dem antiken und mittelalterlichen Kaisertum nichts mehr zu tun. Die Kaiser wurden seitdem weder von → *Kurfürsten* gewählt noch durch Päpste gesalbt bzw. gekrönt.

Kalter Krieg*: Bezeichnung für die politisch-militärische Konfrontation zwischen den → *Supermächten* USA und UdSSR sowie ihren Bündnispartnern nach 1945, die durch ideologische und propagandistische Angriffe, Wettrüsten, wirtschaftliche Kampfmaßnahmen und → *Stellvertreterkriege* (z.B. Korea-Krieg 1950-1953, Vietnam-Krieg 1955-1975), aber nicht durch eine direkte Konfrontation geprägt war.

Kapitalismus: Im 15. Jh. entstand eine Wirtschaftsform, in der es für Unternehmer nicht mehr wie zuvor darum ging, allein ein zum Leben ausreichendes Auskommen zu erwirtschaften, sondern möglichst hohe Gewinne zu erzielen und diese teilweise oder ganz zu reinvestieren. Beispiele sind die Medici in Florenz und die Fugger in Augsburg. Im Kapitalismus dominieren im Gegensatz zum → *Kommunismus* die Interessen der Unternehmer, die Eigentümer von Besitz und Kapital sind.

Kloster*: Eine oft aus mehreren Gebäuden bestehende Anlage, in der Nonnen oder Mönche sich dauerhaft, gemeinschaftlich und meist auf Grundlage bestimmter Ordensregeln auf die Ausübung ihres christlichen Glaubens (→ *Christentum*) konzentrieren. Im → *Mittelalter* waren die Klöster wichtige Träger und Bewahrer von Wissenschaft, Kunst und Kultur.

König*: Meist aus dem → *Adel* stammender Herrscher eines Landes, der durch Wahl (z. B. im → *Heiligen Römischen Reich Deutscher Nation*) oder Erbrecht (z. B. in England, Frankreich) bestimmt wird.

Kolonisation (von lat. *colere* = Land bebauen): Seit dem 8. Jh. v. Chr. wanderten Griechen aus ihrer Heimat aus (→ *Migration*). Sie gründeten rund ums Mittelmeer und an den Küsten des Schwarzen Meeres „Tochterstädte". Gründe für die Kolonisation waren: Bevölkerungswachstum, Landknappheit, Konflikte zwischen → *Aristokratie* und Volk, Kriege, Handel und Abenteurertum. Nach der Entdeckung Amerikas → *1492* begann ein Kolonialzeitalter, in dem die wirtschaftlich und politisch führenden Mächte Europas Kolonien in anderen Kontinenten errichteten. Der Ausbau von Kolonialreichen führte im 19. und 20. Jh. zum → *Imperialismus*. Das → *1871* gegründete → *Deutsche Kaiserreich* verlor nach dem Ersten Weltkrieg (→ *1914 - 1918*) seine Kolonien. Der Zweite Weltkrieg (→ *1939 - 1945*) leitete das Ende des Kolonialzeitalters ein (→ *Entkolonialisierung*).

Kommunismus*: Von → *Marx* und → *Engels* in der Frühindustrialisierung (→ *Industrialisierung*) entwickelter philosophisch-politischer Ansatz, der das Ziel einer klassenlosen Gesellschaft verfolgt und bei dem alle Produktionsmittel staatlich sind.

Konfession: Christliches Bekenntnis (→ *Christentum*); mit der → *Reformation* entstand neben dem katholischen das evangelisch-lutherische Glaubensbekenntnis (→ *Luther*), in dem die Bibel als einzige Quelle des Glaubens anerkannt wird. Im Gegensatz dazu sind für die katholischen Christen auch die Schriften der Kirchenväter und Konzilsentscheidungen Quellen des Glaubens. Die Anhänger des evangelischen Glaubens spalteten sich in weitere Konfessionen wie die Anglikaner, Calvinisten und Zwinglianer.

konstitutionelle Monarchie*: Regierungsform, in der die Macht eines Monarchen (→ *Monarchie*) durch eine → *Verfassung* eingeschränkt wird (z. B. im → *1806* gegründeten Königreich Bayern). Der Monarch steht in dieser Regierungsform der Exekutive (ausführende Gewalt, → *Gewaltenteilung*) vor und handelt gemäß und innerhalb der Verfassungsvorgaben.

Konzentrations- und Vernichtungslager*: *Konzentrationslager*: Vom nationalsozialistischen Deutschland (→ *Nationalsozialismus*) ab 1933 errichtete Lager zur Internierung, Ausbeutung und Tötung von Menschen, die aus rassistischen (→ *Rassismus*), politischen oder weltanschaulichen Motiven verfolgt wurden (u. a. Jüdinnen und Juden, Sintizze und Sinti sowie Romnia und Roma, politische Gegner, Homosexuelle).
Vernichtungslager: Während des Zweiten Weltkrieges (→ 1939-1945) von den Nationalsozialisten in den besetzten Gebieten Osteuropas errichtete Lager zur systematischen Ermordung insbesondere von Jüdinnen und Juden, aber auch von Sintizze und Sinti sowie Romnia und Roma und anderen Bevölkerungsgruppen. Sie unterschieden sich von den Konzentrationslagern dadurch, dass sie gezielt und vorrangig der massenhaften Vernichtung von Menschen dienten.

Kreuzzug*: Vom 11. bis zum 13. Jh. stattfindende Kriegszüge in den Nahen Osten, u. a. mit dem Ziel, die muslimische Herrschaft (→ *Islam*) über die Heiligen Stätten der Christenheit (→ *Christentum*) zu beenden und den christlichen Glauben zu verbreiten.

Kurfürsten*: Die meist sieben zur Königswahl (→ *König*) berechtigten geistlichen und weltlichen Fürsten im → *Heiligen Römischen Reich Deutscher Nation*. Das Wahlverfahren sowie die Zahl der Kurfürsten bildeten sich vor allem im 13. und 14. Jh. heraus.

Lehnswesen*: Auf gegenseitiger Treue beruhende Herrschaftsform des → *Mittelalters*. Ein adliger Lehnsherr (→ *Adel*) verlieh Land und/oder Ämter bzw. Rechte an einen adligen Lehnsmann (Vasallen) auf Lebenszeit, der dafür Kriegs- und Amtsdienste leisten musste. Mit der Zeit wurden die Lehen erblich. So wurde Otto von Wittelsbach 1180 durch → *Kaiser* Friedrich I. (Barbarossa) mit dem Herzogtum Bayern belehnt. Seine Nachkommen, die Wittelsbacher, regierten Bayern bis → *1918* als Herzöge, → *Kurfürsten* und → *Könige*.

Liberalismus*: Im 19. Jh. aufkommende politische Strömung, welche die Freiheitsrechte des Einzelnen betont und politisch einfordert.

Limes*: Befestigte römische Reichsgrenze, u. a. der obergermanisch-raetische Limes zwischen Rhein und Donau.

„Machtergreifung“: Nationalsozialistische Bezeichnung (→ *Nationalsozialismus*) für die Übernahme der Regierung durch → *Hitler* am → *30. Januar 1933*, der die → *Weimarer Republik* in einen totalitären Staat (→ *Totalitarismus*) umwandelte. Nach dem → *„Ermächtigungsgesetz“* vom 23. März 1933 begann die → *„Gleichschaltung“* von Staat, Gesellschaft und Kultur.

Marktwirtschaft: Wirtschaftssystem, das in einem Ausgleich von Angebot und Nachfrage auf dem Markt das beste Modell zur Selbstregelung der Wirtschaft sieht. Im Gegensatz zu ihr steht die → *Planwirtschaft*, in der staatliche Stellen über Art,

Anzahl und Preis der produzierten Güter entscheiden. Die Marktwirtschaft fördert das freie Unternehmertum. Zwei Varianten von ihr sind die freie Marktwirtschaft und die → *Soziale Marktwirtschaft.*

Marxismus: Die von → *Marx* in Zusammenarbeit mit → *Engels* entwickelte Weltanschauung (→ *Ideologie*), nach der wirtschaftliche Veränderungen und nicht Ideen die Gesellschaft beeinflussen. Die Auseinandersetzungen zwischen den Klassen der Ausbeuter (Bourgeoisie, Unternehmer) und der Ausgebeuteten (→ *Proletariat*) führe in der → *Industrialisierung* zwangsläufig zum Sieg des Proletariats und zu einer kommunistischen Weltordnung (→ *Kommunismus*).

Mauerbau*: 1961 erfolgter Ausbau der bestehenden Grenzbefestigungen zwischen DDR und BRD zu einer undurchdringbaren Grenzanlage durch die DDR-Führung mit dem Ziel, die Abwanderung ihrer Bürgerinnen und Bürger in den Westen zu stoppen.

Menschenrechte*: Angeborene und unveräußerliche Rechte eines jeden Menschen, z. B. Recht auf Leben, Freiheit und Gleichheit vor dem Gesetz.

Merkantilismus (lat. *mercari* = Handel treiben): Von den Fürsten gelenkte Wirtschaftsform zur Zeit des → *Absolutismus* (→ *17. / 18. Jh.*), um die Staatseinnahmen zu erhöhen. Dazu wurden die einheimischen Handelswege ausgebaut, Manufakturen gegründet, die Ausfuhren gefördert und die Einfuhren hoch besteuert.

Migration*: Dauerhafter Wohnortwechsel von Menschen, der unterschiedliche Ursachen haben kann, z. B. die Flucht vor politischer Verfolgung, vor Folter, Krieg und Hunger, die Suche nach besseren Lebensumständen oder neuen beruflichen Möglichkeiten.

Militarismus: Die besondere Wertschätzung von Befehl, Gehorsam und Disziplin und die bevorzugte Stellung von Offizieren in einer Gesellschaft. Die Verbindung von Militarismus, → *Nationalismus* und → *Imperialismus* prägte das → *Deutsche Kaiserreich.*

Mittelalter*: Zeit zwischen ca. 500 und ca. 1500, also zwischen der → *Antike* und der → *Neuzeit.*

Mittelsteinzeit: Zeitabschnitt ca. 10.000 v.Chr. bis 5.500 v.Chr., in dem das Klima sich erwärmte und die Menschen in bestimmten Regionen der Erde zu Ackerbau und Viehhaltung übergingen. Die Mittelsteinzeit liegt zwischen → *Altsteinzeit* und → *Jungsteinzeit.*

Monarchie*: Herrschaftsform, in der ein → *König* und / oder eine Königin an der Spitze des Staates steht.

Nation*: Menschen, die in einem bestimmten Gebiet leben, sich durch gemeinsame Merkmale wie Sprache, Kultur oder Geschichte miteinander verbunden fühlen und eine politische Gemeinschaft bilden bzw. anstreben.

Nationalismus*: Politische Strömung des 19. Jhs., die einen gemeinsamen Nationalstaat anstrebt; heute Bezeichnung für ein übersteigertes Nationalbewusstsein, das die eigene → *Nation* vor andere stellt.

Nationalsozialismus*: Extremistische → *Ideologie*, die die Grundlage des nationalsozialistischen Staates bildete. Kennzeichen dieser Ideologie sind u. a.: → *Rassismus*, → *Antisemitismus*, Antikommunismus (→ *Kommunismus*) sowie → *Nationalismus*, das Führerprinzip, die gewaltsame Ausschaltung politischer Gegner und eine expansive Außenpolitik.

NATO*: „North Atlantic Treaty Organization": → *1949* gegründetes westliches Militärbündnis unter Führung der USA zum Schutz vor einem Angriff (z. B. der Sowjetunion).

Neuzeit*: Bezeichnung für die Zeit nach dem → *Mittelalter* (ab ca. 1500) bis hin zur Gegenwart.

Novemberpogrome: Bezeichnung für die von den Nationalsozialisten (→ *Nationalsozialismus*) angeordnete und angewandte Gewalt gegen jüdische Menschen (→ *Judentum*) mit der Zerstörung ihrer Einrichtungen und Geschäfte am → *9./10. November 1938*. Ziel war es, die Jüdinnen und Juden aus Wirtschaft und Gesellschaft auszuschließen und aus dem Deutschen Reich zu vertreiben (→ *Antisemitismus*).

„Nürnberger Gesetze"*: Bezeichnung für die 1935 von den Nationalsozialisten (→ *Nationalsozialismus*) erlassenen antisemitischen Rassegesetze (→ *Antisemitismus*, → *Rassismus*). Sie bildeten die gesetzliche Grundlage für die systematische Ausgrenzung und Verfolgung der Jüdinnen und Juden (→ *Judentum*; → *Konzentrations- und Vernichtungslager*; → *Holocaust bzw. Shoa*). In ihnen waren u. a. der Verlust aller ihrer staatsbürgerlichen Rechte der Jüdinnen und Juden und das Verbot von Eheschließungen zwischen Juden und Nichtjuden enthalten.

Ostblock*: → *ab 1989/90*: Umbruch im Ostblock

Osterweiterung der EU*: Aufnahme von mittel- und osteuropäischen Staaten in die Europäische Union ab 2004.

Ost-West-Gegensatz: → *Kalter Krieg*

Papst (lat. *papa* = Vater): ursprünglich Ehrentitel des → *Bischofs* von Rom. Die Oberhäupter der römisch-katholischen Kirche verstanden sich als Nachfolger des Apostels Petrus und leiteten daraus ihre Vorrangstellung ab. Seit der Krönung → *Karls des Großen* und → *Otto I. (des Großen)* beanspruchten sie, über die → *Kaiser* bestimmen zu können.

Parlament*: In demokratischen Staaten (→ *parlamentarische Demokratie*) die Volksvertretung, deren wichtigste Aufgaben die Gesetzgebung, das Haushaltsrecht und die Kontrolle der Regierung sind.

Parlamentarische Demokratie: Staatsform, in der die gesetzgebende Gewalt bei den vom Volk frei gewählten Abgeordneten des → *Parlaments* liegt (→ *Demokratie*). Die ausführende Gewalt (Regierung) wird vom Staatspräsidenten ernannt, ist aber von Mehrheiten im Parlament abhängig. Die nach der Novemberrevolution von → *1918* erarbeitete → *Weimarer Reichsverfassung* war Grundlage der ersten parlamentarischen Demokratie in Deutschland. Das am 23. Mai 1949 verkündete → *Grundgesetz* machte die Bundesrepublik Deutschland zu einer parlamentarischen Demokratie.

Patrizier (lat. *patres* = Väter): Die Nachkommen der ältesten adligen Familien, die zu Beginn der Römischen Republik (→ *Republik*) allein regierten (→ *Adel*, → *Aristokratie*). Sie übernahmen die wichtigsten Staatsaufgaben und stellten die Priester. Gegen ihre Macht kämpften seit dem 5. Jh. v. Chr. die → *Plebejer*, also die römischen Bürger, die keine Patrizier waren. Sie bekamen erst nach den Ständekämpfen um 287 v. Chr. dieselben Rechte wie die Patrizier. Nach ihnen wurden die angesehenen und reichen Familien in den mittelalterlichen Städten (→ *Mittelalter*) ebenfalls Patrizier genannt. Sie stellten zunächst allein die Mitglieder des Rates und besaßen die politische Führung in den Städten (→ *Stadtrecht*).

Perestroika: → *Glasnost und Perestroika*

Pfalz (lat. *palatium* = Palast): Gebäude für den reisenden Herrscher; vor allem Stützpunkte der Verwaltung und Herrschaft der → *Kaiser* und → *Könige* in der Spätantike (→ *Antike*) und im → *Mittelalter*.

Pharao* (Plural: Pharaonen): Oberster Herrscher oder oberste Herrscherin im alten Ägypten, der bzw. die zugleich als → *König* bzw. Königin und als Gott bzw. Göttin verehrt wurde.

Planwirtschaft*: Typische Wirtschaftsordnung sozialistischer Staaten wie der DDR (→ *Sozialismus*). Während kapitalistische Wirtschaftssysteme auf die Selbstregulierung der freien Märkte durch Angebot und Nachfrage setzen (→ *Soziale Marktwirtschaft*), wird die Wirtschaft in sozialistischen Systemen vom Staat durch Pläne zentral gelenkt.

Plebejer (lat. *plebs* = Menge, Volk): Im alten Rom die römischen Bürger, die keine → *Patrizier* waren. In den Ständekämpfen bemühten sie sich um die Gleichstellung mit den Patriziern.

Polis* (Plural: *Poleis*): Griechischer Stadtstaat in der → *Antike*, der aus einer Stadt und deren Umland bestand und politisch sowie wirtschaftlich selbstständig war.

Potsdamer Konferenz*: 1945 von den Siegermächten USA, Großbritannien und der Sowjetunion abgehaltene Nachkriegskonferenz, um ein gemeinsames Vorgehen im besetzten Deutschland zu vereinbaren. Zentrale Beschlüsse waren u. a. die Teilung Deutschlands in vier Besatzungszonen, die Setzung der Oder-Neiße-Linie als deutsche

Ostgrenze sowie die Durchsetzung der „5 Ds“: Demokratisierung, Denazifizierung (→ *Entnazifizierung*), Demilitarisierung, Dezentralisierung und Demontagen.

Präsidialkabinett: Von 1930 bis 1933 hatten die Regierungen der → *Weimarer Republik* keine Mehrheit im Reichstag (→ *Parlament*); sie waren auf das Vertrauen des Reichspräsidenten → *Hindenburg* angewiesen, der nach der → *Weimarer Reichsverfassung* ohne parlamentarische Zustimmung Verordnungen mit Gesetzeskraft (Notverordnungen) erlassen durfte, wenn „die öffentliche Sicherheit und Ordnung erheblich gestört oder gefährdet“ war (Artikel 48).

Prinzipat: Die 27 v. Chr. von → *Augustus* geschaffene Herrschaftsform, in der der → *Kaiser* den Titel „princeps“ (dt. „der erste Mann im Staat“) trug und fast unumschränkt regierte.

Proletariat: Die besitzlosen Massen in der industriellen Gesellschaft. → *Marx* machte aus der Bezeichnung im „Kommunistischen Manifest“ von 1848 ein Schlagwort: Für ihn ist das Proletariat der Teil der Gesellschaft, der nichts besitzt als seine Arbeitskraft. Seine Aufgabe sei es, die kapitalistische Eigentums-, Wirtschafts- und Gesellschaftsordnung (→ *Kapitalismus*) zu beseitigen, um den → *Kommunismus* herbeizuführen (→ *Marxismus*).

(römische) Provinz*: Ein unter römischer Herrschaft und Verwaltung stehendes erobertes Gebiet außerhalb Italiens.

Putsch: Ein von einer kleineren Gruppe (z. B. von Militärs) durchgeführter Umsturz(versuch) zur Übernahme der Staatsgewalt (z. B. → *1923*: Hitler-Putsch).

Pyramide*: Grabanlage einer hochgestellten Persönlichkeit (z. B. eines → *Pharaos*) im alten Ägypten, meist mit quadratischem Grundriss und nach oben spitz zulaufend.

Quellen*: Texte, Gegenstände, Bilder aus der Vergangenheit, die entweder zufällig erhalten geblieben sind (Überreste) oder absichtlich überliefert wurden (Überlieferungen), sowie Zeitzeugenaussagen.

Rassismus: Anhänger dieser Weltanschauung behaupten beispielsweise, dass Menschen mit einer bestimmten Hautfarbe besser und leistungsfähiger seien als andere Menschen. Rassisten lehnen die Angehörigen anderer Hautfarbe, Herkunft oder Religion ab, schließen sie aus und diskriminieren sie. Dieses Verhalten verletzt die Menschenwürde (→ *Menschenrechte*).

Reform: Ursprünglich die Wiederherstellung oder Rückkehr zu früheren (besseren) Zuständen; seit dem 18. Jh. wird darunter die gewaltlose Umgestaltung und Verbesserung von Verhältnissen im Rahmen der bestehenden politischen Ordnung verstanden. Reformprozesse sind das Gegenteil von revolutionärem Wandel (→ *Revolution*).

Reformation*: Eine von → *Luther* ausgelöste kirchliche Erneuerungsbewegung, die zur Spaltung des westlichen → *Christentums* durch die Entstehung der evangelischen Kirchen führte. Die Reformation veränderte auch die politische Ordnung Europas.

Reformen der sozial-liberalen Koalition*: Innenpolitisches Programm der sozial-liberalen Koalition aus SPD und FDP von 1969 bis 1982, das unter dem Leitmotiv „Mehr Demokratie wagen" eine Reihe von Reformen in Gang setzte, u. a. die Herabsetzung des Wahlalters auf 18 Jahre und eine Stärkung der Rechte von Frauen.

Reichsacht (althochdeutsch *ahta* = Verfolgung): eine vom → *König* oder → *Kaiser* verhängte Strafe, die die Recht- und Friedlosigkeit des Geächteten im ganzen Reich bewirkte. Gründe für die Ächtung waren Verrat, Nichtbefolgung einer Gerichtsladung oder Verhängung des → *Banns*. Einen Geächteten durfte jeder straflos töten. Sein Besitz wurde beschlagnahmt und zerstört. → *Luther* und seine Anhänger wurden im Verlauf der → *Reformation* 1521 geächtet.

Reichstag*: Ab 1871 das gewählte → *Parlament* des → *Deutschen Kaiserreiches*; das Reichstagsgebäude in Berlin ist heute Sitz des Deutschen Bundestages.

Renaissance* (= Wiedergeburt): Kulturgeschichtliche Epoche vom 14. bis zum 16. Jh., die auf einer Wiederentdeckung der → *Antike* (Wissen, Kunst und Kultur) beruhte und den umfassend gebildeten Menschen in den Mittelpunkt stellte (Humanismus).

Reparationen: Wiedergutmachungsleistungen der Verlierer an die Sieger für Kriegsschäden. Bei der Festlegung von Reparationen geht es – wie der → *Vertrag von Versailles* nach dem Ersten Weltkrieg (→ *1914-1918*) belegt – nicht nur um Wiedergutmachung, sondern auch um die künftige wirtschaftliche und militärische Schwächung eines bisherigen Gegners. Auch nach dem Zweiten Weltkrieg (→ *1939-1945*) verlangten die Siegermächte Reparationen.

Republik*: Der lateinische Begriff *res publica* fasst den Staat als „öffentliche Angelegenheit" auf, die alle freien Bürger betrifft. Heute bezeichnet „Republik" eine Staatsform, in der kein Monarch (→ *Monarchie*) an der Spitze steht, sondern das Staatsoberhaupt gewählt ist und in der grundsätzlich die Staatsgewalt vom Volk ausgeht (→ *Volkssouveränität*).

Restauration (lat. *restaurare* = wiederherstellen): Wiederherstellung der politischen, rechtlichen und sozialen Zustände einer früheren Epoche nach einer → *Revolution*. Nach → *1815* versuchten die europäischen Herrscher unter Führung → *Metternichs*, die Folgen der Französischen Revolution (→ *1789*) rückgängig zu machen und neue Revolutionen zu verhindern.

Revolution: → *1789*: Beginn der Französischen Revolution; → *1848/49*: Revolution in Deutschland; → *1917*: Russische Revolution; → *1918*: Novemberrevolution in Deutschland; → ab *1989/90*: Revolutionen in vielen Staaten des Ostblocks. In der Politik wird von Revolutionen gesprochen, wenn der Zugang zur Macht in einem Staat in kurzer Zeit durch den Aufstand vieler Menschen grundlegend verändert wird. Revolutionen sind das Gegenteil von staatlichen → *Reformen* oder → *Putschen*. Sie sind in der Regel mit Anwendung von Gewalt verbunden und führen zu weitreichenden rechtlichen, sozialen, wirtschaftlichen und kulturellen Veränderungen.

Ritter: Sie leisteten im → *Mittelalter* Waffendienst zu Pferde und gelobten ihrem Herrn (→ *Lehnswesen*), christlich, tapfer, treu und gerecht zu sein. Ihre tugendhafte Werbung um die Liebe einer Frau wurde von Minnesängern verbreitet (Minne).

Romanik: Kunststil des frühen europäischen → *Mittelalters* in Architektur (Rundbogen, Tonnengewölbe etc.), Malerei und Skulptur.

Romanisierung*: Übernahme u. a. der römischen (lateinischen) Sprache und Kultur durch Bevölkerungsgruppen in einigen der von Römern eroberten Gebiete.

Säkularisation*: Enteignung und Verstaatlichung von Kirchengut (u. a. von → *Klöstern*, Ländereien, Kunstschätzen) sowie Auflösung geistlicher Fürstentümer, z. B. im → *Heiligen Römischen Reich Deutscher Nation* → *1806*.

Senat*: Oberstes Beratungsorgan der Römischen → *Republik*, dessen Mitglieder aus den einflussreichsten Familien (→ *Adel* bzw. → *Aristokratie*) stammten und vorher wichtige Ämter ausgeübt hatten. Seit dem → *Mittelalter*: Regierung freier Städte (heute noch in Bremen, Hamburg und Berlin. In den USA ist der Senat neben dem Repräsentantenhaus eine der beiden Kammern des Kongresses.

Shoa: → *Holocaust*

Sklaven: Unfreie und rechtlose Menschen; die Eigentümer (Sklavenhalter) konnten über sie wie über Sachen verfügen. Kriegsgefangene wurden oft zu Sklaven gemacht. Auch bei Zahlungsunfähigkeit konnten Männer, Frauen und Kinder versklavt werden (Schuldknechtschaft). Sklaven konnten unter bestimmten Bedingungen freigelassen werden.

Soziale Frage*: Frage nach der Lösung der durch die → *Industrialisierung* entstandenen sozialen Probleme, z. B. Wohnungsnot, Kinderarbeit und mangelnde soziale Absicherung.

Soziale Marktwirtschaft*: Wirtschaftsordnung in der → *1949* gegründeten Bundesrepublik Deutschland, welche die Vorteile der freien → *Marktwirtschaft* (z. B. wirtschaftliche Leistungsfähigkeit) nutzt und gleichzeitig deren Risiken (z. B. soziale Benachteiligungen) durch sozialpolitische Korrekturen zu vermeiden sucht; der Gegensatz dazu ist → *Planwirtschaft*.

Sozialgesetzgebung*: Einführung der Kranken-, Renten- und Unfallversicherung im → *Deutschen Kaiserreich* unter Reichskanzler → *Bismarck*, um die → *Soziale Frage* zu entschärfen und dadurch zugleich den Wählerzuwachs der Sozialdemokraten zu stoppen; die Sozialgesetzgebung markiert den Beginn moderner staatlicher Sozialpolitik und hatte Vorbildcharakter für andere Länder.

Sozialismus*: Politische Strömung, welche von einer Klassengesellschaft (→ *Kapitalismus*) ausgeht und diese vor allem durch eine gleichmäßigere Besitzverteilung, mitunter auch durch eine Verstaatlichung der Produktionsmittel, überwinden will.

„Staatssicherheit"*: Der durch das „Ministerium für Staatssicherheit" (MfS) gesteuerte Geheimdienst der DDR, der auch die eigene Bevölkerung überwachte und dabei als Mittel Einschüchterungen, willkürliche Verhaftungen und Gewalt einsetzte; Kurzbezeichnung: „Stasi".

Staatsstreich: Gewaltsamer Umsturz durch Träger hoher staatlicher Funktionen, z. B. → *Napoleons* Übernahme der Staatsgewalt am 9. November 1799 (18. Brumaire VIII des französischen Revolutionskalenders).

Stadtrecht*: Besondere Rechte (Privilegien) von Städten, z. B. Münz-, Markt-, Zoll- und Befestigungsrecht.

Stände*: Durch Geburt definierte Großgruppen in der mittelalterlichen Gesellschaft (→ *Mittelalter*): Klerus (Erster Stand), → *Adel* (Zweiter Stand), Bauern und → *Bürger* (Dritter Stand). Die drei Stände hatten unterschiedliche Rechte und Pflichten.

Stalinismus: Bezeichnung für das Gesellschafts- und Herrschaftssystem, das unter → *Stalin* entstand. Seine Kennzeichen waren eine totalitäre Herrschaft (→ *Totalitarismus*), in der sich alle dem Führungsanspruch der kommunistischen Partei (→ *Kommunismus*) unterordnen mussten, ein Personenkult der Parteiführer herrschte und politische und wirtschaftliche Ziele mithilfe von Terror und Zwang umgesetzt wurden.

Staufer*: Schwäbisches Adelsgeschlecht (→ *Adel*), benannt nach der im 11. Jh. gebauten Burg Staufen, die zwischen Göppingen und Schwäbisch Gmünd liegt. Die Staufer stellten von 1138 bis 1254 die deutschen → *Kaiser* und → *Könige*. Zu den bedeutendsten Staufern zählt Kaiser → *Friedrich II.* Unter den Staufern erreichte die ritterliche Kultur (→ *Ritter*) mit Minnesang und Turnieren ihren höchsten Glanz.

Stellvertreterkriege: Bewaffnete Konflikte („heiße Kriege") zur Zeit des → *Kalten Krieges*, die nicht zwischen den eigentlichen Kontrahenten, den → *Supermächten* USA und UdSSR, ausgetragen wurden, sondern „stellvertretend" von anderen Kriegsparteien, die wiederum von den USA oder der UdSSR politisch, militärisch und wirtschaftlich unterstützt wurden. Der längste von etwa 150 Stellvertreterkriegen während des Kalten Krieges war der Vietnam-Krieg (1955 - 1975). Er endete mit einer Niederlage der USA.

Supermächte: Staaten, die aufgrund der Größe ihrer Staatsgebiete, ihrer Einwohnerzahl, ihrer Rohstoffvorkommen und ihrer Wirtschaftsleistung sowie ihrer Atomwaffen allen anderen Staaten überlegen sind. In der Zeit des → *Kalten Krieges* waren die USA und die UdSSR Supermächte.

Terrorismus*: Anwendung unvorhersehbarer Gewalt (z. B. Anschläge, Morde und Entführungen) durch extremistische Gruppierungen, um Angst und Schrecken zu verbreiten und politischen Druck auszuüben (Beispiel: → *11. September 2001*).

Totalitarismus (lat. *totus* = ganz, völlig): Diktatorische Herrschaftsform (→ *Diktator*), in der keine Freiheit herrscht, keine freien Wahlen möglich sind und in der die Menschen in allem, was sie sind und tun, in den Dienst der „Führer" gestellt werden. → *Faschismus*, → *Nationalsozialismus* und → *Stalinismus* sind Beispiele totalitärer Herrschaft.

Unabhängigkeitserklärung: → *1776: Amerikanische Unabhängigkeitserklärung*

UNO*: „United Nations Organization"/ Vereinte Nationen (VN); 1945 in Nachfolge des → *Völkerbundes* gegründete Weltorganisation mit Sitz in New York, der fast alle Staaten angehören; Ziele sind vor allem die Friedenssicherung und die Förderung der internationalen Zusammenarbeit.

► Das System der UNO

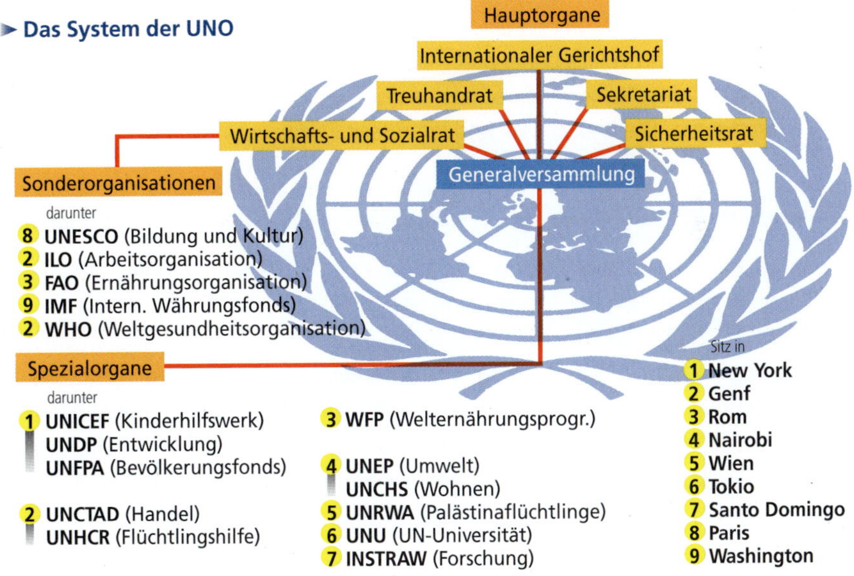

Verfassung*: Grundlegendes Gesetz, das die politische Ordnung eines Staates festlegt (z. B. Staatsform, Rechte und Pflichten der → *Bürger*; → *Weimarer Reichsverfassung*; → *Grundgesetz*).

Vernichtungslager: → *Konzentrations- und Vernichtungslager*

Vertrag von Versailles*: 1919 geschlossener Friedensvertrag, der den Ersten Weltkrieg (→ *1914-1918*) beendete. Die Siegermächte schrieben dort u.a. die alleinige Kriegsschuld Deutschlands fest und verfügten Gebietsabtretungen, militärische Beschränkungen und Reparationszahlungen (→ *Reparationen*).

Völkerbund: Nach dem Ersten Weltkrieg (→ *1914-1918*) im Zusammenhang mit dem → *Vertrag von Versailles* 1920 von 32 Staaten gegründete internationale Organisation zur Wahrung des Friedens und zur Zusammenarbeit aller Völker mit Sitz in Genf. 1926 wurde Deutschland, 1934 auch die Sowjetunion aufgenommen. Unter → *Hitler* verließ Deutschland 1933 die Organisation, 1939 wurde die Sowjetunion ausgeschlossen. Von Anfang an litt der Völkerbund darunter, dass die USA ihm nicht beitraten. Die 1945 gegründete → *UNO* ist die Nachfolgerin des Völkerbundes.

Völkermord (eng. *genocide*): Auslöschung willkürlich bestimmter Gruppen von Menschen. Beispiele dafür sind die versuchte Ausrottung der Herero durch deutsche Kolonialtruppen 1904 und der → *Holocaust bzw. Shoa*. 1948 definierte die → *UNO* Völkermord als eine Handlung, die in der Absicht begangen wird, eine nationale, ethnische, rassische oder religiöse Gruppe als solche ganz oder teilweise zu zerstören.

„Volksgemeinschaft"*: Nationalsozialistischer (→ *Nationalsozialismus*) Propagandabegriff, welcher die Geschlossenheit eines durch eine angeblich gemeinsame „Rasse" definierten deutschen Volkes behauptet (→ *Rassismus*). Andere Menschen („Volksfremde") werden aus der „Volksgemeinschaft" ausgeschlossen, diskriminiert und verfolgt (→ *Antisemitismus*). Die Bedürfnisse und Interessen Einzelner müssen sich denen der Gemeinschaft unterordnen.

Volkssouveränität*: Grundsatz, dass alle Staatsgewalt vom Volk ausgeht (→ *Republik*).

Warschauer Pakt (Warschauer Vertragsorganisation): Die 1955 gegründete Organisation fasste unter Führung der Sowjetunion alle militärischen Kräfte Osteuropas einschließlich der DDR zusammen. Der Pakt ergänzte die zwischenstaatlichen Verträge der Sowjetunion mit den von ihr abhängigen Staaten und war das Gegenstück zur 1949 gegründeten → *NATO*. Nach dem Ende des → *Kalten Krieges* und der Sowjetunion zerfiel das Bündnis 1991. Einige ehemalige Mitglieder schlossen sich später gegen den Willen Russlands der NATO an.

Weimarer Reichsverfassung*: → *Verfassung* der ersten deutschen → *Republik* von 1919; Kennzeichen u.a.: → *parlamentarische Demokratie*, → *Volkssouveränität*, starke Stellung des Reichspräsidenten, erstmaliges Frauenwahlrecht.

Weimarer Republik*: Erste → *parlamentarische Demokratie* in Deutschland zwischen 1918 und 1933 (→ *1918*: Novemberrevolution; → *Republik*).

Westintegration*: Politische, wirtschaftliche und militärische Einbindung der frühen Bundesrepublik Deutschland in die westliche Staatengemeinschaft in Abgrenzung zu den sozialistischen Staaten im Osten (→ *NATO*; → *Europäische Integration*).

Westfälischer Friede*: Friedensverträge nach dem Dreißigjährigen Krieg im Jahr 1648, die die Gleichberechtigung der christlichen → *Konfessionen* (→ *Christentum*; → *Reformation*) festschrieben und den deutschen Landesfürsten eine weitgehende Unabhängigkeit vom → *Kaiser* gewährten. Im Westfälischen Frieden wurde auch der Augsburger Religionsfriede von 1555 bestätigt, der das Reformationsrecht der Landesfürsten beinhaltete: Der Grundsatz „cuius regio, eius religio" besagte, dass der Landesfürst im Prinzip über die → *Konfession* seiner Untertanen bestimmen durfte.

Widerstand: Allgemein die Bezeichnung für die Opposition gegen → *Hitler* und das → *„Dritte Reich"*. Im engeren Sinne war Widerstand das Verhalten von Personen und Gruppen, die das NS-Regime als Ganzes ablehnten und aktiv beseitigen wollten (→ *Nationalsozialismus*). Höhepunkt des militärischen Widerstandes war das Attentat auf Hitler am → *20. Juli 1944* durch → *Stauffenberg*. Beispiele des zivilen Widerstandes sind der Attentatsversuch des Tischlers → *Elser* und die Flugblattaktionen der „Weißen Rose" (Hans und Sophie → *Scholl*); Männer des kirchlichen Widerstandes sind die Theologen Graf von → *Galen* und → *Bonhoeffer*.

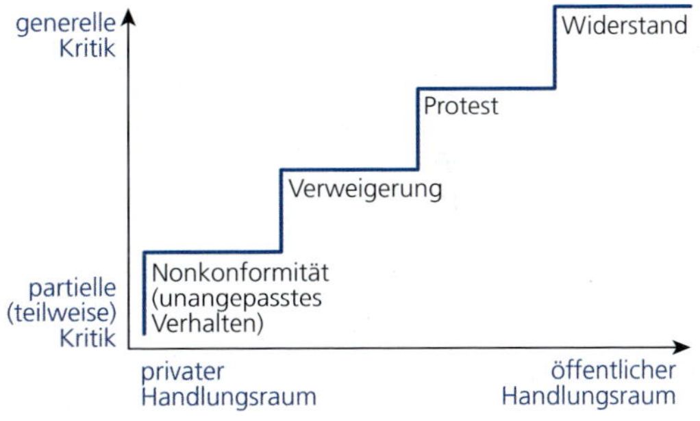

▲ Stufen abweichenden Verhaltens
Der Historiker Detlev Peukert hat unterschiedliche Stufen abweichenden Verhaltens beschrieben. Als Widerstand definiert er nur die Verhaltensformen, in „denen das NS-Regime als Ganzes abgelehnt wurde und Maßnahmen zur Vorbereitung des Sturzes des NS-Regimes im Rahmen der Handlungsmöglichkeiten des jeweils einzelnen Subjektes" getroffen wurden.

Nach: Detlev Peukert, Volksgenossen und Gemeinschaftsfremde, Köln 1982, S. 97

Zunft: Seit dem 11. Jh. schlossen sich städtische Handwerker zu christlichen Gemeinschaften zusammen. Diese Zünfte wehrten sich gegen die alleinige Macht der → *Patrizier* in den Städten, erließen Vorschriften über das Arbeitsleben, kontrollierten Menge und Qualität der Waren und sorgten bei Krankheit und Tod für ihre Mitglieder und deren Familien.

*Die mit * gekennzeichneten Begriffe und Definitionen wurden zitiert nach: www.historisches-forum.bayern.de/fileadmin/user_upload/historisches_forum/GDB_Geschichte_LPP_21.04.2021.pdf (Zugriff: 15. 07. 2021); die Querverweise wurden hinzugefügt und die zusätzlichen Begriffe zusammengestellt von Klaus Dieter Hein-Mooren.*

Personen

*Die mit * gekennzeichneten Personen folgen den „Definitionen Grundlegender Daten und Begriffe im LehrplanPLUS Geschichte" (Stand 21. April 2021). Grüne → verweisen auf die* **Begriffe** *(siehe S. 61 ff.), orange → auf die* **Daten** *(siehe S. 58 ff.).*

Adenauer, Konrad* (1876 - 1967): 1949 - 1963 erster Bundeskanzler der Bundesrepublik Deutschland (→ *1949*). Er setzte sich für die → *Westintegration* der Bundesrepublik ein und gilt als ein Wegbereiter der europäischen Einigung (→ *Europäische Integration*).

Alexander der Große (356 - 323 v. Chr.): König von Makedonien (ab 336). Er eroberte ein Weltreich und verbreitete die griechische Lebensweise und Kultur (Hellenismus).

Augustus* (63 v. - 14 n. Chr.): Noch unter dem Namen Octavian wurde der Großneffe und Haupterbe → *Caesars* nach 31 v. Chr. „der erste Mann im Staat" (lat. *princeps*: → *Prinzipat*). Der → *Senat* verlieh ihm 27 v. Chr. wegen seiner Verdienste den Ehrentitel „Augustus" (dt. „der Erhabene"). Er herrschte fast unumschränkt und vererbte seine Macht in seiner Familie. Der Monat August wurde nach ihm benannt. Spätere → *Kaiser* übernahmen die Bezeichnung „Augustus" in ihren Kaisertitel.

Bismarck, Otto von* (1815 - 1898): konservativer preußischer Ministerpräsident, der → *1871* die Reichsgründung unter preußischer Führung erreichte und in der Folge als erster Reichskanzler das → *Deutsche Kaiserreich* maßgeblich mitprägte.

Bonhoeffer, Dieterich (1906 - 1945; ermordet): evangelischer Theologe. Bonhoeffer schloss sich dem → *Widerstand* gegen den → *Nationalsozialismus* an. Er wurde mit dem Attentat auf → *Hitler* vom → *20. Juli 1944* in Verbindung gebracht und im Konzentrationslager Flossenbürg (→ *Konzentrations- und Vernichtungslager*) im April 1945 ermordet.

Brandt, Willy (geboren unter dem Namen Herbert Frahm; 1913 - 1992): Journalist und SPD-Politiker; 1957 - 1966 Regierender Bürgermeister von West-Berlin, 1964 - 1987 Bundesvorsitzender der SPD. Als Bundesaußenminister (1966 - 1969) und Bundeskanzler (1969 - 1974) war er verantwortlich für die → *Reformen der sozial-liberalen Koalition* und eine neue Politik gegenüber den osteuropäischen Staaten (dafür erhielt er 1971 den Friedensnobelpreis) und der DDR (→ *1972*: Grundlagenvertrag).

Caesar, Gaius Julius* (100 - 44 v. Chr.; ermordet): römischer Staatsmann, Feldherr und Autor, der sich 44 v. Chr. zum → *Diktator* auf Lebenszeit ernennen ließ und so das Ende der Römischen → *Republik* und den Beginn der Kaiserzeit einleitete.

Churchill, Winston (1874 - 1965): britischer Journalist, Offizier und konservativer Politiker; 1940 - 1945 und 1951 - 1955 Premierminister. 1953 erhielt er den Nobelpreis für Literatur.

Ebert, Friedrich (1871 - 1925): gelernter Sattler; ab 1913 Vorsitzender der SPD. Nach Ausrufung der → *Republik* am 9. November → *1918* übernahm Ebert als Führer der stärksten Fraktion im → *Parlament* das Amt des Reichskanzlers. 1919 wurde er erster Reichspräsident der → *Weimarer Republik*.

Elser, Georg (1903 - 1945; ermordet): gelernter Tischler. Im November 1938 beschloss er allein, → *Hitler* zu ermorden (→ *Widerstand*). Sein Bombenattentat vom 8. November 1939 im Münchener Bürgerbräukeller scheiterte. Er wurde verhaftet und am 9. April 1945 auf Befehl Hitlers im KZ Dachau (→ *Konzentrationslager*) umgebracht.

Engels, Friedrich (1820 - 1895): Kaufmann, Philosoph und Politiker aus Barmen; Freund und Mitarbeiter von → *Marx*.

Friedrich II. (1194 - 1250): römisch-deutscher → *König* und → *Kaiser* aus dem Geschlecht der → *Staufer*. Zentrum seiner Herrschaft war das christlich und muslimisch geprägte Sizilien. Er stritt mit den → *Päpsten* um die Macht und überließ den deutschen Landesherren weitreichende Rechte.

Galen, Clemens August Graf von (1878 - 1946): katholischer Theologe; seit 1933 → *Bischof* von Münster. Er klagte in seinen Predigten während des Zweiten Weltkrieges (→ *1939 - 1945*) die Rassenideologie (→ *Rassismus*) und die Ermordung von „lebensunwertem Leben" (→ *„Euthanasie"*) der Nationalsozialisten (→ *Nationalsozialismus*) öffentlich an. 1946 wurde er Kardinal.

Gaulle, Charles de (1890 - 1970): französischer General und Staatsmann; 1940 - 1944 Chef des Widerstandes gegen die deutsche Besatzung; 1945 - 1946 Ministerpräsident und vorläufiger Staatspräsident; 1958 - 1969 Staatspräsident.

Goebbels, Paul Joseph (1897 - 1945; Selbstmord): Germanist, Schriftsteller und führender Politiker der NSDAP; 1933 - 1945 Reichsminister für Volksaufklärung und Propaganda (→ *Propaganda*). Nach der Gründung der → *Anti-Hitler-Koalition* verkündete er 1943 den „totalen Krieg". Ab Juli 1944 war er „Generalbevollmächtigter für den totalen Kriegseinsatz".

Gorbatschow, Michail S. (geb. 1931): Agrarwirt; ab 1985 Generalsekretär des Zentralkomitees der KPdSU und von März 1990 bis Dezember 1991 sowjetischer Staatspräsident. Seine Politik (→ *Glasnost und Perestroika*) sollte den → *Kommunismus* reformieren und die Sowjetunion festigen, sie trug aber stattdessen zum Umbruch im Ostblock (→ *ab 1989/90*) und Zerfall der Sowjetunion bei. Für seinen Beitrag zur Beendigung des → *Kalten Krieges* erhielt Gorbatschow 1990 den Friedensnobelpreis.

Gutenberg, Johannes (um 1400 - 1468): Um 1450 erfand Johannes Gensfleisch, genannt Gutenberg, in Mainz das Drucken mit beweglichen Metallbuchstaben und revolutionierte damit den Buchdruck. Seine Erfindung fand rasche Verbreitung und leitete große Veränderungen ein.

Hatschepsut: eine von wenigen Frauen, die → *Pharao* wurde. Sie regierte von 1479 bis 1425 v. Chr. Ägypten allein.

Himmler, Heinrich (1900 - 1945; Selbstmord): diplomierter Landwirt; ab 1923 in der NSDAP aktiv; ab 1929 Reichsführer der SS und ab 1936 Chef der Deutschen Polizei; ab 1939 Reichskommissar für die Festigung des deutschen Volkstums und ab 1943 Reichsinnenminister. Himmler war Herr über die → *Konzentrations- und Vernichtungslager.* Ende April 1945 schloss ihn → *Hitler* wegen heimlicher Friedensverhandlungen mit dem Feind aus der Partei aus.

Hindenburg, Paul von (1847 - 1934): 1914 - 1916 Oberbefehlshaber Ost; 1916 - 1918 Chef des Generalstabs und Oberbefehlshaber aller deutschen Soldaten im Ersten Weltkrieg (→ *1914 - 1918*); 1925 - 1934 Reichspräsident der → *Weimarer Republik*. Er übertrug → *Hitler* am → *30. Januar 1933* die Regierung.

Hitler, Adolf (1889 - 1945; Selbstmord): deutscher Politiker österreichischer Herkunft; Kriegsfreiwilliger im Ersten Weltkrieg (→ *1914 - 1918*); seit 1921 Vorsitzender der NSDAP; ab dem → *30. Januar 1933* Reichskanzler (→ *„Machtergreifung"*). 1934 übernahm er auch das Amt des Reichspräsidenten (Titel: „Führer und Reichskanzler"). Sein → *Antisemitismus* und seine Vorstellung von der Ausdehnung des Deutschen Reiches („Lebensraumideologie") prägten die totalitäre Politik (→ *Totalitarismus*) des → *Nationalsozialismus*, die zum Zweiten Weltkrieg (→ *1939 - 1945*) sowie zu → *Holocaust bzw. Shoa* führten.

Honecker, Erich (1912 - 1994): Der ehemalige Dachdeckergehilfe und kommunistische Politiker (→ *Kommunismus*) baute nach 1946 die Jugendorganisation der SED, die „Freie Deutsche Jugend" (FDJ), auf. 1961 organisierte er den → *Mauerbau*. Zehn Jahre später wurde er mit sowjetischer Unterstützung Nachfolger von → *Ulbricht* als SED-Chef. Von 1976 bis 1989 war er auch Staatsratsvorsitzender in der DDR. Am 18. Oktober 1989 zwang ihn das SED-Politbüro zum Rücktritt.

Karl der Große* (748 - 814): → *König* des Fränkischen Reiches, der → *800* als erster westeuropäischer Herrscher vom → *Papst* zum → *Kaiser* gekrönt wurde und damit die Grundlage für das mittelalterliche Kaisertum (→ *Mittelalter*) legte.

Karl V. (1500 - 1558): → *König* von Kastilien und Aragon (seit 1516) und → *Kaiser* des → *Heiligen Römischen Reiches Deutscher Nation* (seit 1519) aus dem Geschlecht der Habsburger. Er herrschte über große Gebiete in Europa und Südamerika. Karl V.

versuchte vergeblich, die religiöse Einheit des Reiches zu bewahren (→ *Reformation*); 1556 dankte er als Kaiser ab.

Kennedy, John F. (1917 - 1963; ermordet): zunächst Reporter; Politiker der Demokratischen Partei. 1960 wurde Kennedy zum 35. US-Präsidenten gewählt. In seine Amtszeit fallen der → *Mauerbau*, die Kuba-Krise (→ *1961/62*) und die Entscheidung für das Engagement in Vietnam. Seine Ermordung in Dallas (Texas) schockierte die Welt.

Kohl, Helmut (1930 - 2017): Historiker; von 1969 - 1976 war der CDU-Politiker Ministerpräsident des Landes Rheinland-Pfalz und von 1982 - 1998 Bundeskanzler der Bundesrepublik Deutschland. Er förderte den europäischen Einigungsprozess (→ *Europäische Integration*) und die Gründung der Europäischen Union (→ *1992*). Kohl verhandelte nach dem → *9. November 1989* mit der Sowjetunion (→ *Gorbatschow*), der DDR-Regierung und den westlichen Siegermächten des Zweiten Weltkrieges (→ *1939 - 1945*) über die deutsche Wiedervereinigung. Die Verhandlungen führten am → *3. Oktober 1990* zum Beitritt der DDR zur Bundesrepublik Deutschland.

Kolumbus, Christoph* (1451 - 1506): Seefahrer aus Genua, der versuchte, in westlicher Richtung nach Indien zu gelangen. Im Auftrag der spanischen Krone begann er seine Reise und „entdeckte" dabei → *1492* zufällig Amerika.

Lenin, Wladimir I. (eigentlich Wladimir Iljitsch Uljanow; 1870 - 1924): bedeutendster kommunistischer Theoretiker (→ *Kommunismus*); Mitbegründer der bolschewistischen Partei (→ *Bolschewismus*) und → *1917* führender Revolutionär während der Oktoberrevolution (→ *Revolution*). Sein Nachfolger wurde → *Stalin*.

Ludwig XIV. (1638 - 1715; „Sonnenkönig"): seit 1643 → *König* von Frankreich. Nachdem er 1661 die Regierungsgeschäfte selbst übernommen hatte, entmachtete er den → *Adel* und regierte absolutistisch (→ *Absolutismus*). Die wirtschaftliche Stärke des Landes steigerte er durch den → *Merkantilismus*. Um die Vorherrschaft (→ *Hegemonie*) Frankreichs auf dem Kontinent durchzusetzen, führte er zahlreiche Kriege.

Luther, Martin* (1483 - 1546): Mönch und Theologe, der mit seiner Kritik an kirchlichen Missständen und mit seinen 95 Thesen → *1517* die → *Reformation* auslöste.

Marx, Karl (1818 - 1883): protestantisch getaufter Jude aus Trier; Philosoph, Journalist, Wirtschaftswissenschaftler und Begründer des → *Marxismus*.

Metternich, Klemens Wenzel Fürst von (1773 - 1859): 1809 - 1821 österreichischer Staats- und Außenminister, 1821 - 1848 Staatskanzler. Er kämpfte für die Erhaltung der auf dem Wiener Kongress → *1815* wiederhergestellten Herrschaftsordnung (→ *Restauration*) und kämpfte gegen liberale und nationale Bewegungen (→ *Liberalismus*, → *Nationalismus*). Bei Ausbruch der → *Revolution* in Wien wurde er 1848 gestürzt.

Mohammed (um 570-632): Gründer des → *Islam*. Nach arabischen → *Quellen* aus dem 9. und 10. Jh. lernte Mohammed (arab.: „der Gepriesene") als junger Mann die christlichen und jüdischen Lehren kennen (→ *Judentum*, → *Christentum*). Mit etwa 40 Jahren fühlte er sich zum Gesandten Gottes (Allahs) berufen. Die arabische Zeitrechnung beginnt 622 mit seiner Auswanderung (arab. Hedschra) von Mekka nach Medina. Mohammed wurde Herrscher über weite Teile Arabiens. Für ihn und seine Nachfolger sind Religion und Staat eine Einheit.

Napoleon* (1769-1821): Napoleon Bonaparte, französischer General, der in der Französischen Revolution (→ *1789*) die politische Macht erringen konnte, sich 1804 selbst zum → *Kaiser* der Franzosen krönte und Frankreich vorübergehend zur Hegemonialmacht (→ *Hegemonie*) in Europa machte.

Otto I., der Große* (912-973): deutscher → *König* und → *Kaiser*. Er sicherte das Reich gegen die Ungarn, gründete zahlreiche Bistümer, förderte die Missionierung und machte die Reichskirche zur Stütze seiner Herrschaft. Nach dem Vorbild → *Karls des Großen* ließ er sich → *962* in Rom zum Kaiser krönen.

Perikles (um 500-429 v. Chr.): athenischer Staatsmann. Er war von vornehmer Herkunft und leitete seit 443 als jährlich wiedergewählter Politiker die Geschicke der athenischen → *Demokratie*. Seine Zeit gilt als Glanzzeit Athens, sowohl künstlerisch als auch politisch. 431 begann unter ihm der Peloponnesische Krieg um die Vorherrschaft Athens in Griechenland. Ein Jahr später wurde er abgesetzt.

Reagan, Ronald (1911-2004): Schauspieler und konservativer Politiker (Republikaner), von 1967-1974 Gouverneur von Kalifornien und 1981-1989 der 40. Präsident der USA.

Robespierre, Maximilien de (1758-1794); hingerichtet): Rechtsanwalt und mitverantwortlicher Politiker für den Terror während der Französischen Revolution (→ *1789*).

Scholl, Hans (1918-1943; hingerichtet): Student der Medizin. Er gründete an der Münchener Universität die Widerstandsgruppe „Weiße Rose" (→ *Widerstand*). Der Volksgerichtshof verurteilte ihn zum Tode.

Scholl, Sophie (1921-1943; hingerichtet): Studentin der Biologie und Philosophie. Sie schloss sich der von ihrem Bruder → *Hans Scholl* gegründeten Widerstandsgruppe an (→ *Widerstand*) und wurde wie er vom Volksgerichtshof zum Tode verurteilt.

Stalin, Josef W. (eigentlich Jossif Wissarionowitsch Dschugaschwili; 1878-1953): russischer Revolutionär; zwischen 1928 und 1953 der unangefochtene „Führer" der Sowjetunion sowie der von dem Land abhängigen Staaten (→ *Stalinismus*). Er war verantwortlich für die millionenfache Ermordung von politischen Gegnern und die Deportation ganzer Völker. Nach dem Sieg der → *Anti-Hitler-Koalition* über Deutschland im Zweiten Weltkrieg (→ *1939 - 1945*) war er mitverantwortlich für den Beginn des → *Kalten Krieges*.

Stauffenberg, Claus Schenk Graf von* (1907 - 1944; hingerichtet): Offizier und Widerstandskämpfer (→ *Widerstand*). Am → *20. Juli 1944* scheiterte sein Attentat auf → *Hitler*. Er wurde noch am Abend des Attentats von regimetreuen Offizieren verhaftet und mit weiteren Verschwörern erschossen.

Stresemann, Gustav (1878 - 1929): Wirtschaftsfachmann und Politiker; 1923 Reichskanzler; 1923 - 1929 Außenminister. Er prägte die Außenpolitik der → *Weimarer Republik*, setzte sich für die Aufnahme des Deutschen Reiches in den → *Völkerbund* ein, bemühte sich mit dem französischen Außenminister *Aristide Briand* um die Verständigung mit Frankreich und erhielt mit ihm 1926 den Friedensnobelpreis.

Themistokles (525 - 459 v. Chr.): griechischer Stratege und Staatsmann, der die → *Demokratie* in der → *Polis* Athen eingeführt haben soll.

Ulbricht, Walter (1893 - 1973): Der gelernte Tischler organisierte nach 1945 den Aufbau der KPD (→ *Kommunismus*) und die Gründung der SED. Als Erster Sekretär des Zentralkomitees der SED war er von 1950 bis 1971 verantwortlich für den Aufbau der → *1949* gegründeten und von Moskau abhängigen DDR sowie die Niederschlagung des Aufstandes der DDR-Bürgerinnen und Bürger vom → *17. Juni 1953*). Von 1960 bis 1971 war Ulbricht auch Vorsitzender des DDR-Staatsrates.

Wilhelm II. (1859 - 1941): 1888 - 1918 → *König* von Preußen und Deutscher → *Kaiser*. Er setzte den Rücktritt → *Bismarcks* durch. Seine Vorstellungen von → *Gottesgnadentum* und Weltmacht (→ *Imperialismus*) sowie seine Einstellung zum Militär (→ *Militarismus*) prägten die „Wilhelminische Gesellschaft" bis → *1918*.

Wilson, Thomas Woodrow (1856 - 1924): Jurist, Historiker und Politiker der Demokratischen Partei; 1913 - 1921 der 28. Präsident der USA. Er war → *1917* verantwortlich für den Eintritt der USA in den Ersten Weltkrieg (→ *1914 - 1918*) und regte die Bildung des → *Völkerbundes* an.

*Die mit * gekennzeichneten Begriffe und Definitionen wurden zitiert nach: www.historisches-forum.bayern.de/fileadmin/user_upload/historisches_forum/GDB_Geschichte_LPP_21.04.2021.pdf (Zugriff: 15. 07. 2021); die Querverweise wurden hinzugefügt und die übrigen Angaben zusammengestellt von Klaus Dieter Hein-Mooren.*

Methodentipps

Arbeitsmethoden

Bauwerke beschreiben und untersuchen

Bauwerke sind → *Quellen* der → *Geschichte*. Ihre Architektur ist auch Ausdruck politischen Denkens der Epoche, in der sie entstanden sind oder verändert wurden. Folgende Fragen helfen dir, sie als Zeichen der Kultur- und Ideengeschichte zu erkennen und zu untersuchen:

1. Wie sieht das Bauwerk aus (Größe, Baukörper, Fassaden, Höfe, Materialien)?
2. Steht es für sich alleine oder gehört es zu einer Gruppe von Bauten (Lage)?
3. Wer ließ es wann errichten (Entstehungszeit, Bauherr, Herrschaftsform)?
4. Gab es Vorbilder für das Bauwerk?
5. Was ist die Funktion des Bauwerks (ursprünglich und gegenwärtig)?

Briefe analysieren

Briefe gehören zur Gruppe der schriftlichen → *Quellen*. Zu unterscheiden sind Privat- und Geschäftsbriefe sowie öffentliche Briefe. Eine besondere Gattung sind die Feldpostbriefe (→ *Feldpostbriefe analysieren*). Private Briefe sind persönliche Zeugnisse zwischen zwei Personen, die nicht direkt miteinander sprechen können oder wollen. Sie sind in der Regel nicht für die Öffentlichkeit bzw. Veröffentlichung gedacht. Mit einem „offenen Brief" wendet sich ein Verfasser bzw. eine Verfasserin mithilfe von anderen Medien (Zeitungen, Blog etc.) an die Bevölkerung, um kritisch auf bestimmte Zustände und Ereignisse hinzuweisen, um Veränderungen zu erwirken. Folgende Fragen sollten bei der Analyse von Briefen beachtet werden:

1. Welche Informationen liegen über den Verfasser/die Verfasserin vor (Alter, Herkunft, Beruf etc.)?
2. An wen ist der Brief gerichtet (Familienmitglieder, Freunde, Kollegen, Institutionen etc.)?
3. In welcher Situation befand sich der Briefschreiber/die Briefschreiberin?
4. Welche Informationen enthält der Brief? Was sagen sie über die Zeit im Allgemeinen und die Lebenssituation des Verfassers bzw. der Verfasserin im Besonderen aus?
5. Welche (politischen) Einstellungen verraten die Zeilen?
6. Werden individuelle oder gesellschaftliche Erwartungen geäußert?

Denkmäler untersuchen

Denkmäler sind gegenständliche → *Quellen*. Sie erinnern an besondere Ereignisse oder an eine bedeutende Person. Sie wenden sich an gegenwärtige und zukünftige Betrachter. Immer liefern sie uns Hinweise über die Zeit ihrer Entstehung und die Vorstellung der Menschen, die sie errichten ließen. Um etwas darüber herauszufinden, gilt es, folgenden Fragen nachzugehen:

1. Wann, wo und aus welchem Anlass wurde das Denkmal errichtet?
2. An wen oder woran soll es erinnern?
3. Wer gab den Auftrag? Wer bezahlte das Denkmal?
4. Mit welcher Absicht wurde es errichtet?
5. Wie sind die dargestellten Symbole und Figuren zu verstehen?
6. Welche Wirkung sollte es erzielen?
7. Wie gehen wir heute mit ihm um?

Diagramme erstellen und deuten

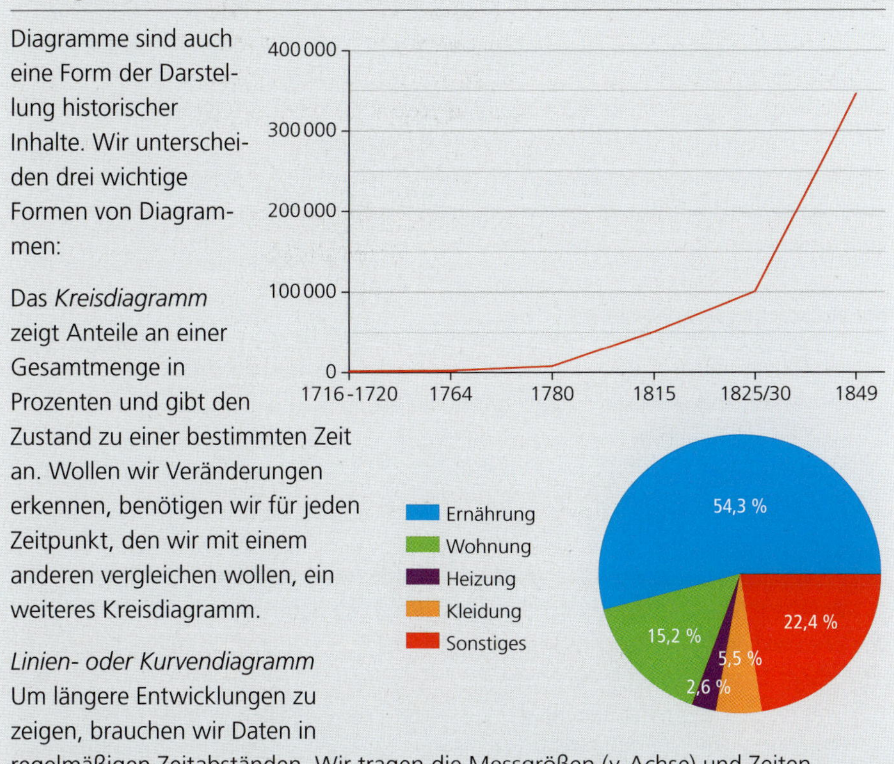

Diagramme sind auch eine Form der Darstellung historischer Inhalte. Wir unterscheiden drei wichtige Formen von Diagrammen:

Das *Kreisdiagramm* zeigt Anteile an einer Gesamtmenge in Prozenten und gibt den Zustand zu einer bestimmten Zeit an. Wollen wir Veränderungen erkennen, benötigen wir für jeden Zeitpunkt, den wir mit einem anderen vergleichen wollen, ein weiteres Kreisdiagramm.

Linien- oder Kurvendiagramm
Um längere Entwicklungen zu zeigen, brauchen wir Daten in regelmäßigen Zeitabständen. Wir tragen die Messgrößen (y-Achse) und Zeiten (x-Achse) in ein Koordinatensystem ein und verbinden die Zahlenwerte zu einer Kurve. Wir können auch mehrere Kurven in einem Diagramm abbilden, um sie →

miteinander zu vergleichen. Bei Liniendiagrammen werden Zwischenzeiten, zu denen es neue Werte gibt, einfach linear ergänzt. Das unterstellt eine Entwicklung, von der unbekannt ist, ob sie so verlaufen ist. Säulen- und/oder Balkendiagramme haben diese Problematik nicht.

Säulen- oder Balkendiagramm
Wenn Zahlen nur in unregelmäßigen Jahresabständen vorliegen, empfiehlt sich das Säulen- oder Balkendiagramm: Wir wandeln die Zahlenwerte in entsprechend große Säulen oder Balken um.

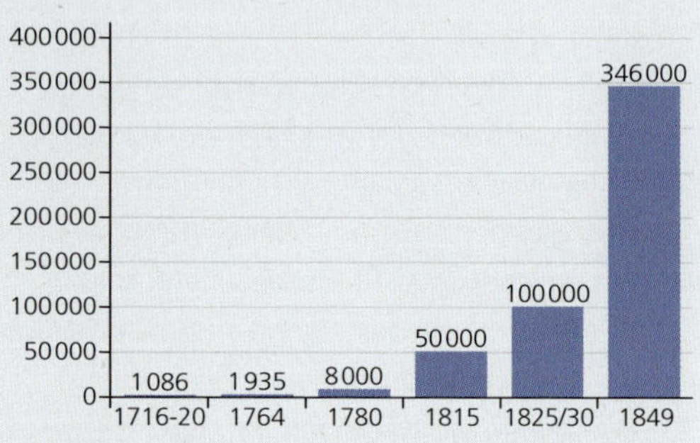

Diagramme deuten
Zunächst solltest du das Diagramm beschreiben. Dabei helfen dir folgende Fragen:
1. Wie und worüber informiert das Diagramm?
2. Welche Entwicklung ist zu erkennen (hohe und niedrige Werte beachten, Trends, Zusammenhänge)?

Wenn du die Diagramme beschrieben hast, kannst du versuchen, sie auszuwerten, deine Beschreibungen zu erklären und Schlussfolgerungen aus ihnen zu ziehen. Dazu benötigst du weitere Informationen. So lassen sich Gründe für die in den Diagrammen bezifferten Zustände und Entwicklungen benennen und Zusammenhänge verdeutlichen.

Feldpostbriefe analysieren

Feldpostbriefe und -karten gehören zur Gruppe der schriftlichen → *Quellen*.
Du kannst folgende spezielle Fragen an sie stellen:
1. Welche Informationen liegen über den Verfasser bzw. die Verfasserin vor (Alter, Einheit, Rang)?
2. Wie sind Entstehungszeitpunkt und -ort des Briefes in den Kriegsverlauf einzuordnen?
3. An wen ist der Brief gerichtet (Familie, Freunde, Arbeitskollegen)?
4. Welche Informationen will der Schreiber dem Adressaten mitteilen?
5. Wie wird der Krieg beschrieben? Wie geht der Schreiber mit Fragen zu Grausamkeiten, Tod und Schuld um?
6. Sind die Schilderungen glaubhaft? Lassen sich die Aussagen verallgemeinern? (Vergleiche sie mit anderen Feldpostbriefen, auch mit solchen von „feindlichen" Soldaten.)

Filme analysieren

Filme geben niemals „die" Wirklichkeit wieder – die Vergangenheit ist für immer vergangen. → *Geschichte* ist stets nur eine Deutung unter einem subjektiven Blickwinkel. Jede Verarbeitung von Vergangenheit, auch die im Film, ist immer Konstruktion, also eine Interpretation.
Für eine kritische Bewertung solcher Deutungen und Konstruktionen im Film liefern folgende Leitfragen Anregungen:

1. Um welchen Typ von Film handelt es sich (Geschichtsdokumentation, Geschichtsspielfilm oder Doku-Drama (Mischung aus Dokumentation und Spielfilm)?
2. Ist die dargestellte Filmhandlung durch historische Quellen und Zeitzeugen belegt?
3. Enthält der Film historisches Bild- und Filmmaterial? Woher stammt es?
4. Welche filmischen Mittel (Ausstattung, Kameraperspektiven und -bewegungen, Szenengestaltungen, Schnitte, Tricks, Sprache, Musik und Geräusche) werden wie und zu welchem Zweck eingesetzt?
5. Wie werden die handelnden Personen dargestellt (sympathisch, abstoßend, neutral)?
6. Mit welcher Figur kann/soll sich das Publikum identifizieren?
7. Wann wurde der Film produziert? Was lässt sich über die Filmschaffenden, die Besetzung sowie Finanzierung und Vermarktung herausfinden?
8. Welches Urteil über die dargestellte Zeit transportiert der Film?
9. Was will der Film beim Publikum bewirken?
10. Wie wurde der Film bewertet?

Flugblätter und -schriften untersuchen

Seit der → *Reformation* versuchen Flugblätter und -schriften die öffentliche Meinung zu beeinflussen. Folgende Fragen sind für eine Untersuchung dieser → *Quellen* hilfreich:

1. Wann und wo wurde die Flugschrift bzw. das Flugblatt veröffentlicht? Sind Verfasser und/ oder Zeichner bekannt?
2. Um welches Thema geht es?
3. An wen richtete sich der Text?
4. Unter welchen Umständen wurde die Schrift veröffentlicht?
5. Was wird auf dem Titelbild – wenn vorhanden – dargestellt? Was bedeuten die Bildelemente?
6. Welche sprachlichen Mittel werden häufig verwendet?
7. Was ist die zentrale Aussage?
8. Welche Wirkung geht von dem Text aus – damals und heute?

Fotografien analysieren und interpretieren

Wenn wir Fotos als historische → *Quellen* auswerten und deuten wollen, müssen wir sie wie andere Kunstwerke a) *beschreiben*, b) *analysieren* und c) *interpretieren*. Folgende Fragen helfen dabei:

1. Wann ist das Foto entstanden und wer hat es gemacht? (Hinweise dazu geben die Legenden.)
2. Mit welcher Absicht oder in wessen Auftrag wurde es gemacht?
3. Zu welchem Thema sagt es etwas aus?
4. In welchem historischen Zusammenhang (Kontext) steht es?
5. Welche Personen oder welche Szene wurden fotografiert, von welchem Standpunkt und aus welcher Perspektive?
6. Ist es ein Schnappschuss oder eine gestellte Aufnahme?
7. Wurde nur ein bestimmter Bildausschnitt veröffentlicht? Wenn ja, warum?
8. Wie zuverlässig ist es? Wurden Bildinhalte verändert, entfernt oder hinzugefügt?
9. Was könnte unmittelbar vor oder nach dem Foto passiert sein?
10. Wie wirkt das Foto – damals und heute?
11. Gibt es Informationen über die Wirkung und Verbreitung des Fotos?
12. Wie beeinflusst die Aufnahme unsere Wahrnehmung der Vergangenheit?

Gemälde und Statuen verstehen

Kunstwerke wie Gemälde und Statuen bilden die Wirklichkeit nicht ab; sie sind aber keine reine Erfindung einer Künstlerin oder eines Künstlers. Die Wahl des Themas und die Art der Darstellung spiegeln das Denken der Zeit ihrer Entstehung. Sie sind deshalb geschichtliche → *Quellen*. Um sie zu verstehen, gilt es, folgenden Fragen nachzugehen:

1. Wer war der Künstler/die Künstlerin?
2. Hatte er/sie einen Auftrag?
3. Aus welchem Anlass entstand das Kunstwerk? Für welchen Zweck?
4. Wo wurde bzw. wird es gezeigt?
5. Welche Informationen liefert der Bildtitel?
6. Ist das Kunstwerk auffallend groß oder klein?
7. Sind die dargestellten Personen bekannt?
8. Werden Symbole oder Gegenstände gezeigt? Was bedeuten sie?
9. Wofür wurden welche Farben oder Materialien verwendet?

Beachte, dass der Künstler / die Künstlerin bzw. der Auftraggeber / die Auftraggeberin mit dem Gemälde oder der Statue eine bestimmte Wirkung erreichen wollte.

Mit Geschichtskarten arbeiten

Erster Schritt: Geschichtskarten finden

Unser Schulbuch enthält zahlreiche Geschichtskarten. Weitere Karten zu bestimmten historischen Zuständen oder besonderen Entwicklungen findest du im Geschichtsatlas. Beachte für die Kartensuche:

- Das Inhaltsverzeichnis des Geschichtsatlas ist nach historischen Epochen und geografischen Regionen gegliedert.
- Das Kartenregister nennt in alphabetischer Folge die Namen der Länder, Orte und Organisationen, die auf den Karten auftauchen, und dazu oft Hinweise und Daten zu bestimmten Ereignissen (z. B. Schlachten).

Zweiter Schritt: Geschichtskarten analysieren, auswerten und deuten

Alle Karten des Geschichtsatlas verwenden für jedes Herrschaftsgebiet eine bestimmte Farbe. Das erleichtert die Orientierung. Darüber hinaus werden in den Karten einheitliche Zeichen benutzt; beachte dabei die Generallegende.

Um Geschichtskarten einordnen und um Veränderungen erklären zu können, brauchst du Hintergrundwissen. Dieses liefern dir entweder die **Grundlegenden Daten und Begriffe** oder zusätzliche Informationen, die du im Geschichtsbuch findest oder die du recherchierst. Darüber hinaus sind Kartenvergleiche oft hilfreich, um Entwicklungen bzw. Veränderungen beschreiben zu können.

Folgende Fragen helfen dir bei der Untersuchung, Auswertung und Deutung von Geschichtskarten:

1. Welches Thema hat die Karte? Beziehe den Titel und alle Zeichen der Legende mit ein.
2. Auf welchen Raum und auf welche Zeit bezieht sich die Karte?
3. Was weißt du über den Raum und die Zeit, auf die sich die Karte bezieht?
4. In welchen historischen Zusammenhang lässt sich die Karte einordnen?
5. Zeigt die Karte einen bestimmten Zustand oder eine Entwicklung bzw. Veränderung?
6. Wie lassen sich Zustand, Entwicklung bzw. Veränderung beschreiben?
7. Lassen sich Ursachen der Entwicklung bzw. Veränderung aus der Karte ablesen?
8. Welche Zeichen sind besonders häufig, wie sind sie verteilt?
9. Sagt die Karte etwas über den Einfluss eines Staates über andere aus?
10. Welche Gemeinsamkeiten und welche Unterschiede sind bei einem Kartenvergleich zu erkennen?
11. Welche wichtigen Informationen für die Auswertung fehlen dir? Wo kannst du sie recherchieren?
12. Welche historischen Schlussfolgerungen lassen Untersuchung und Auswertung zu?

Herrscherbilder untersuchen und deuten

Erster Schritt: beschreiben

1. Wer ist abgebildet?
2. Wo steht die Person? Wie steht sie da (Gestik)? Welchen Gesichtsausdruck hat sie (Mimik)? Welche Kleidung trägt sie?
3. Welche Gegenstände und Symbole sind zu erkennen?

Zweiter Schritt: untersuchen (analysieren)

1. Wie ist das Bild aufgebaut? Was ist im Vordergrund, was im Hintergrund abgebildet?
2. Welche Bedeutung haben die Gegenstände und Symbole?
3. Welche besonderen Farben werden verwendet?
4. Wie groß ist das Gemälde?

Dritter Schritt: informieren und recherchieren

1. Wer war der Maler bzw. die Malerin?
2. Wann und in wessen Auftrag wurde das Porträt gemalt?
3. Was weiß ich über die porträtierte Person, über die Bedeutung der Kleidung und der abgebildeten Gegenstände (z. B. über die Herrschaftszeichen)?
4. Was ist mir über die Entstehungszeit bekannt?
5. Wo hing das Gemälde ursprünglich und wo befindet es sich heute?

Vierter Schritt: deuten (interpretieren)

1. Welche Wirkung soll das Bild entfalten?
2. Wie will die porträtierte Person gesehen werden?

Historiengemälde beurteilen

Historienbilder sind Kunstwerke wie Gemälde, Holzstiche, Kupferstiche, Lithografien, Reliefs oder Mosaike. Sie machen auf bedeutende Ereignisse, Leistungen und Personen aufmerksam. Sie sind besondere → *Quellen*, da die Künstlerinnen und Künstler die historischen Sachverhalte oder die bedeutende Person auf ihre Weise darstellen und deuten.

Um Historienbilder verstehen zu können, musst du – wie bei anderen Kunstwerken – drei Schritte beachten: a) *beschreiben*, b) *untersuchen* (*analysieren*) und c) *beurteilen* (*interpretieren*). Bei der Beschäftigung mit Historienbildern gilt es, folgenden Fragen nachzugehen:

1. Welche „Geschichte" ist dargestellt und wann fand sie statt?
2. Von wann ist das Gemälde? Wer malte es?
3. Wer gab den Auftrag? Wer sollte es bekommen?
4. Was ist im Vorder-, im Hintergrund und in der Bildmitte platziert?
5. Sollte das Gemälde eine bestimmte Wirkung erzielen?
6. Wie wirkt es heute?

Jugendbücher untersuchen

In historischen Romanen wird „Geschichte erzählt". Die Handlungen und Personen sind in der Regel frei erfunden. Insofern sind die Geschichten keine → *Quellen*. Die Schriftstellerinnen und Schriftsteller bemühen sich aber, die Zeitumstände sowie die handelnden Personen glaubhaft zu gestalten. Ihre historischen Aussagen sind aber trotzdem immer zu prüfen. Beim Umgang mit einem Roman oder Ausschnitten daraus, helfen dir Antworten auf folgende Fragen:

1. Wovon handelt die Geschichte? Welche Ereignisse sind besonders wichtig?
2. Welche Personen stehen im Mittelpunkt? Stehen sie für eine bestimmte Gruppe oder Schicht?
3. Vertreten die handelnden Personen bestimmte Vorstellungen oder Weltanschauungen?
4. Wie verhalten sich die Personen?
5. Wie verknüpft die Autorin/der Autor die Handlung mit den historischen Umständen und Ereignissen? Basiert die Handlung auf bestimmten Quellen?
6. Gelingt es der Autorin/dem Autor, ein anschauliches und glaubhaftes Bild der Zeit zu vermitteln?

Karikaturen entschlüsseln

Karikaturen sind gezeichnete Kommentare zu Politik, Gesellschaft und Kultur. Sie vereinfachen und verzerren die Wirklichkeit, um etwas zu verdeutlichen, indem sie z. B. Eigenschaften einer Person oder Zustände bzw. Entwicklungen stark übertrieben wiedergeben; oft haben sie erläuternde Textelemente. Um eine Karikatur zu entschlüsseln, solltest du mit folgenden Fragen an sie herangehen:

1. Wie lauten Titel und Thema der Karikatur?
2. In welchem historischen Zusammenhang ist sie entstanden?
3. Woher stammt sie?
4. An wen wendet sie sich?
5. Wer oder was ist wie dargestellt?
6. Werden Symbole verwendet? Was bedeuten sie?
7. Welche Aussageabsicht wird verfolgt?

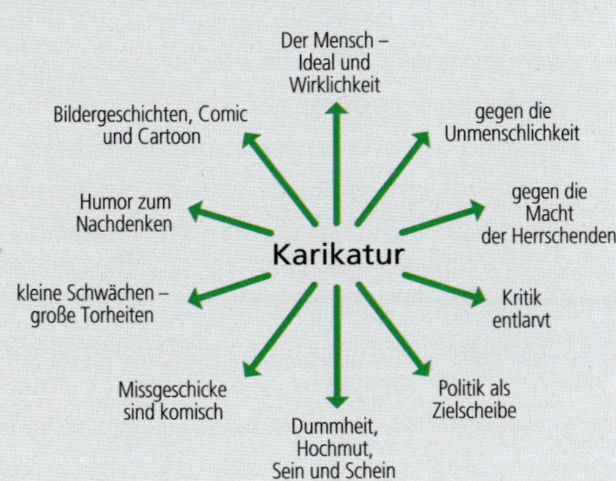

Kriegerdenkmäler untersuchen

Mit Kriegerdenkmälern wird an die Opfer von Kriegen gedacht. Sie können untersucht werden wie andere Denkmäler. Auf die *Beschreibung* (1.) folgen *Untersuchung* (2.) und *Beurteilung* (3.). Folgende Punkte solltest du besonders beachten:

1. Wo steht das Denkmal (Ortszentrum, Kirche, Park, Hügel)?
2. Aus welchen Materialien wurde es errichtet?
3. Was ist dargestellt (z. B. Figuren, Gegenstände, Symbole, Allegorien, Inschriften)?
4. Gibt es Spuren von Veränderungen (Verwitterung, Zerstörung, Restauration, Ergänzungen)?
5. Wird der Gefallenen namentlich gedacht?
6. Welche Informationen über sie sind zu finden?
7. Wie vieler wird hier gedacht?
8. Gibt es heute noch Erinnerungsfeiern?
9. Wer ist Eigentümer des Denkmals? Wer pflegt es? In welchem Zustand ist es?
10. Welchen Gesamteindruck vermittelt das Denkmal (Aufbau und Inschriften sowie Mimik und Gestik der Figuren)?
11. Welche Botschaft will das Denkmal vermitteln?
12. Welche Wirkung hat das Denkmal heute?
13. Erscheint die Art und Weise, wie erinnert wird, heute (noch) angemessen?

Politische Plakate analysieren

Plakate sind historische → *Quellen*. Sie werben mit gestalterischen Mitteln um Zustimmung für eine bestimmte Sache bzw. Partei. Um ihre mögliche Wirkung beurteilen zu können, sind sie genau zu untersuchen. Dabei können folgende Fragen helfen:

1. Wer hat das Plakat veröffentlicht?
2. Wer hat es entworfen?
3. Was ist der Anlass für die Veröffentlichung?
4. Welche Bildelemente und Symbole werden verwendet?
5. Wie werden Farben und Schriften eingesetzt?
6. Welche Informationen enthält das Plakat? Wie sind sie zu verstehen?
7. Ist das Format auffallend?
8. Welche Botschaft geht von dem Plakat aus?

Quellen von Darstellungen unterscheiden

Die Vergangenheit hinterlässt Überreste und Spuren: Sie sind die Grundlage für die Erforschung der → *Geschichte*. Wir nennen sie → *Quellen*. Historikerinnen und Historiker untersuchen und deuten Quellen. Sie versuchen damit, sich ein Bild von der Vergangenheit zu machen. Ihre Ergebnisse fassen sie in Texten zusammen, die wir Darstellungen nennen. Um herauszufinden, ob es sich um eine Quelle oder eine Darstellung handelt, gehe so vor:

1. Untersuche die Angaben zu den Abbildungen und Texten.
2. Beantworte mit deren Hilfe folgende Frage: Stammt der Text oder der Gegenstand aus der Zeit, über die wir etwas wissen möchten?
   ja: Quelle
   nein, er stammt aus einer späteren Zeit: Darstellung

Darstellungen enthalten Informationen. Sie geben die Kenntnisse und die Vorstellungen wieder, die ein Autor bzw. eine Autorin von etwas hat. Folgende Fragen und Tipps helfen dir, Informationen aus einer Darstellung zu entnehmen:

1. Von wem stammt der Text? An wen richtet er sich?
2. Worum geht es in dem Text? Berücksichtige die Überschrift.
3. Schreibe die zentralen Begriffe oder Thesen aus dem Text heraus. Wenn du einen Begriff nicht kennst, sieh in einem Wörterbuch, einem Lexikon oder im Internet (→ *Internetrecherche und -beurteilung*) nach.
4. Werden Wertungen vorgenommen?
5. Fasse anhand der Stichworte den Inhalt des Textes zusammen.

Reden analysieren

Aufgezeichnete Reden sind wichtige historische → *Quellen*. Bei der Analyse einer Rede sind u.a. folgende Fragen zu berücksichtigen:

1. Wann und wo wurde sie vor welchem Publikum gehalten?
2. Gab es einen besonderen Anlass?
3. Was ist das Thema?
4. Welche Argumente werden verwendet?
5. Wie ist die Argumentation inhaltlich und sprachlich aufgebaut?
6. Welche Zielsetzung wurde verfolgt? (Soll das Publikum belehrt, erfreut oder zu etwas bewegt werden?)
7. Wie wirkte sie auf das Publikum (z.B. Beifall, Zwischenrufe etc.)?
8. Wie ist die Rede überliefert (stenografische Mitschrift, Manuskript oder Audiodatei)?

Statistiken auswerten

Statistiken zeigen Zustände oder Entwicklungen auf. Bei der Auswertung gilt zu beachten, dass bis Anfang des 20. Jhs. Daten nicht systematisch erfasst und gesammelt wurden. Statistische Angaben für die Zeit davor sind daher in der Regel Schätzungen.
Statistische Daten können in Form von Tabellen und Diagrammen dargestellt werden (→ *Diagramme erstellen und deuten*).Sie stellen Zustände und Entwicklungen dar und lassen Vergleiche zu. Bei der Auswertung ist zu beachten, dass Statistiken nur das Ergebnis und nicht dessen Zustandekommen zeigen. Folgende Fragen sind zu beachten:

1. Worüber informiert die Statistik (Thema)?
2. Auf welche Gebiete und Zeiträume beziehen sich die Angaben? Sind die zeitlichen Abstände einheitlich?
3. Wie entwickeln sich die Angaben? (Hilfreiche Begriffe sind z. B.: Zunahme, Abnahme, Verdoppelung, Verdreifachung, steigend, sinkend ...)
4. In welchem Verhältnis stehen die Angaben zueinander? Was zeigt ein Vergleich der Entwicklungen? Wie verläuft er? (Skizziere dazu bei Bedarf auf der Grundlage der Daten ein Liniendiagramm.)
5. Lassen die Angaben begründete Vorhersagen (Prognosen) zur weiteren Entwicklung zu?
6. Welche Aussageabsicht lässt sich der Statistik entnehmen?

Tagebücher beurteilen

Tagebücher zählen zu Selbstzeugnissen wie Briefe und Autobiografien (Lebensbeschreibungen). Sie sind subjektive → *Quellen*, die Auskunft über individuelle Befindlichkeiten, Einstellungen und Erlebnisse geben können. Sie dienen der eigenen Auf- und Nachbereitung von persönlichen Erfahrungen oder – im Falle der Veröffentlichung – der Selbstdarstellung. Bei der Beurteilung von Tagebüchern sollte daher immer berücksichtigt werden, ob sie nur zur privaten Erinnerung verfasst wurden, ob sie von Anfang an für eine Veröffentlichung vorgesehen wurden und ob die Einträge nachträglich be- bzw. überarbeitet wurden.
Tagebücher können einerseits private Meinungen und Ansichten enthalten, die öffentlich unterdrückt wurden oder einer Zensur unterlagen, andererseits können sie weltanschauliche Einstellungen sowie gesellschaftliche Verhaltensweisen beschreiben. Zentral für die Analyse von Tagebüchern ist, was wir über den Verfasser bzw. die Verfasserin und sein/ihr persönliches und historisches Umfeld wissen. Bei der Analyse kann man ähnlich wie bei der von Briefen (→ *Briefe analysieren*) vorgehen.

Textquellen verstehen, einordnen und beurteilen

Textquellen sind die wichtigsten geschichtlichen Zeugnisse. Im Schulbuch findest du in der Regel nur Quellenauszüge. Um ihren Inhalt zu erfassen, solltest du so vorgehen:

Erster Schritt: die Textquelle verstehen

1. Lies den Text sorgfältig durch. Oft erschließt sich sein Sinn beim zweiten Lesen schon besser.
2. Notiere dir unbekannte Namen und Begriffe. Kläre sie mithilfe eines Wörterbuches oder eines Lexikons. Du kannst auch das Internet nutzen (→ *Internetrecherche und -beurteilung*).

Zweiter Schritt: die Textquelle einordnen

1. Wann und wo entstand der Text?
2. Wer hat ihn verfasst? Suche nach Informationen über die Verfasserin bzw. den Verfasser (z. B. Lebenszeit, Herkunft, Beruf usw.).
3. Informiere dich über die Textsorte. Handelt es sich um einen öffentlichen Beitrag wie ein Gesetz, einen Buchauszug oder eine Rede oder um einen privaten Text wie einen Brief?

Dritter Schritt: die Textquelle beurteilen

1. Welche zentralen Aussagen enthält der Text?
2. Enthält der Text Sachurteile oder Werturteile?
3. Was wollte die Verfasserin bzw. der Verfasser mit dem Text bewirken?
4. Sind die Informationen richtig oder falsch bzw. subjektiv oder objektiv?

Verfassungsschemata auswerten

Ein Verfassungsschema stellt grafisch dar, wie ein Staat aufgebaut ist, welche Institutionen er hat, wie diese zusammenarbeiten und welche Rechte sie haben. Folgende Leitfragen können dir bei der Auswertung einer solchen Grafik helfen:

1. Wer hat die Verfassung ausgearbeitet und beschlossen?
2. Welche Teile der Bevölkerung werden genannt?
3. Wer darf wählen (aktives Wahlrecht) und wer darf gewählt werden (passives Wahlrecht)?
4. Wer ist von Wahlen ausgeschlossen?
5. Welche Ämter und Einrichtungen werden genannt?
6. Wer hat welche Aufgaben, Rechte oder Pflichten?
7. Wer arbeitet mit wem zusammen?
8. Wer hat wie viel Macht? Wer ist ausgeschlossen?
9. Wie wird ein Machtmissbrauch der Exekutive (Regierung) verhindert? Besteht eine → *Gewaltenteilung*?

Zeitungsartikel untersuchen

Zeitungen sind historische → *Quellen* ersten Ranges. Sie informieren und kommentieren Ereignisse. Dabei vertreten sie – mehr oder weniger deutlich – bestimmte Interessen und Anschauungen. Mithilfe folgender Fragen lassen sie sich als Quellen nutzen:

1. In welchem historischen Kontext steht der Artikel?
2. In welcher Zeitung wurde der Artikel veröffentlicht? Handelt es sich um eine regionale oder überregionale, eine parteipolitisch gebundene oder eine unabhängige Zeitung?
3. Was ist das Thema des Beitrages?
4. Welche Sachinformation bietet der Artikel, wo werden Urteile gefällt?
5. Welchen Standpunkt vertritt die Autorin bzw. der Autor?
6. Was will der Artikel bei Leserinnen und Lesern bewirken?

Zeitzeugengespräche durchführen und auswerten

In Zeitzeugengesprächen berichten Betroffene, Handelnde oder Zuschauende über zurückliegende Ereignisse. Sie bieten die Chance, individuelle Erfahrungen, Einstellungen und Hoffnungen kennenzulernen. Zeitzeuginnen und Zeitzeugen geben ihre momentanen Erinnerungen und ihre Sicht auf die vergangenen Ereignisse mündlich wieder (Oral History). Insofern sind Zeitzeugenaussagen weder objektiv noch repräsentativ. Als → *Quellen* für die Zeitgeschichte bedürfen sie einer gründlichen Analyse (Quellenkritik). Viele Berichte von bereits verstorbenen Zeitzeugen liegen heute als Ton- oder Filmaufzeichnungen oder gedruckt vor. Zeitzeugeninterviews können auch jederzeit neu erstellt werden. Bei der Durchführung und Auswertung von Zeitzeugeninterviews sind folgende Schritte zu beachten:

Erster Schritt: vorbereiten

1. Thema für ein Zeitzeugeninterview festlegen.
2. Informationen über das ausgewählte Thema sammeln.
3. Zeitzeugen suchen, kontaktieren und Termine absprechen.
4. Fragebogen mit Leitfragen zum Gespräch erstellen.

Zweiter Schritt: durchführen

1. Das Gespräch mit einer kurzen Einführung zur Person (Alter, Herkunft, Beruf, Funktion etc.) und zum Thema einleiten.
2. Gespräch aufzeichnen (Mitschrift, Notizen, Ton- oder Filmaufzeichnung).
3. Das Interview mit einer ersten Zusammenfassung und einem Dank an den Gesprächspartner bzw. die Gesprächspartnerin beenden.

→

Dritter Schritt: auswerten

1. Wie werden die geschilderten Erlebnisse bewertet? Handelt es ich um eigene und/oder fremde Erinnerungen? Was sind die Kernaussagen?
2. Berücksichtigen, dass Zeitzeuginnen oder Zeitzeugen die Vergangenheit von der Gegenwart aus betrachten.
3. Allgemeine Aussagen mit anderen Quellen abgleichen („Faktencheck"), mögliche Widersprüche und Erinnerungslücken aufzeigen etc.
   Beachte: Jedes Gedächtnis kann trügen.
4. Erwartungen an das Gespräch mit dem Ergebnis abgleichen.

Vierter Schritt: präsentieren

1. Präsentationsform festlegen (z. B. Schülerzeitung, Filmclip, Webseite der Schule, Ausstellung)
2. Aufzeichnung bzw. Zusammenfassung des Interviews vor der Präsentation der Zeitzeugin oder dem Zeitzeugen zur Überprüfung vorlegen.
3. Begleitdokumente der Präsentation hinzufügen (Fotos, Textquellen etc.).

Arbeitstechniken

Fachliteratur finden und nachweisen

Wenn du ein Thema gründlich erarbeiten willst, benötigst du Fachliteratur. In der Schul- oder Stadtbücherei sind Bücher alphabetisch in einem Verfasser- und in einem Sachkatalog aufgelistet. Auf einer Karteikarte oder auf einem Bildschirm erhältst du Angaben über Verfasserin bzw. Verfasser, Erscheinungsort und -jahr sowie die Signatur: eine Folge von Zahlen und Buchstaben, mit denen das Werk in der Bibliothek zu finden ist.
Entdeckst du zu deinem Thema mehr Bücher, als du auswerten kannst, musst du einige auswählen. Prüfe auf jeden Fall anhand des Inhaltsverzeichnisses, ob das Buch für dich ergiebig sein könnte.
Informationen, die du für ein Referat oder eine Präsentation nutzt, sind nachzuweisen, damit sie überprüft werden können.

Und so sieht eine korrekte Literaturangabe aus:

Vorname und Name des Autors | Titel | Verlagsort | Jahr der Veröffentlichung

Hans-Ulrich Thamer, Die NSDAP. Von der Gründung bis zum Ende des Dritten Reiches, München 2020

Ein Beitrag aus einem Sammelband wird so nachgewiesen:

Vorname und Name des Autors | Titel | Vornamen und Namen der Herausgeber des Sammelbandes

Wilfried Loth, 8. Mai, 1945: Der Zusammenbruch des Dritten Reiches, in: Dirk Blasius und Wilfried Loth (Hrsg.), Tage deutscher Geschichte im 20. Jahrhundert, Göttingen 2006, S. 75-91

Titel des Sammelbandes | Verlagsort | Jahr der Veröffentlichung | Seitenangaben

Manchmal findest du neue Erkenntnisse auch in einem Zeitschriften- oder Zeitungsaufsatz; dann zitierst du so:

Vorname und Name der Verfasserin | Aufsatztitel | Name der Zeitschrift | Jahrgang | Heft | Seitenangaben

Maria Krauss, Kleine Geschichte Bayerns, in: Aus Politik und Zeitgeschichte, 68. Jg., H. 51-52/2018, S. 15-21

Zitierst du mehrere Werke, ordnest du die Angaben alphabetisch nach den Nachnamen.

Internetrecherche und -beurteilung

Das Internet ist ein weltweites Netz (www: World Wide Web), das Millionen von Computern verbindet. Es enthält Daten aller Art: Texte, Grafiken, Bilder, Filme oder Tonaufnahmen. Da grundsätzlich jede Nutzerin bzw. jeder Nutzer Informationen ins Netz stellen kann, fällt es schwer, zwischen zuverlässigen und unzuverlässigen Informationen zu unterscheiden. Außerdem: Die allermeisten Informationen sind gar nicht für junge Leserinnen und Leser geschrieben worden. Sie sind deshalb oft kompliziert und umfangreich.
Suchmaschinen helfen, Informationen zu finden. Dazu tippt man Daten, Begriffe und/oder Namen des gesuchten Themas in das Suchfeld ein. Je genauer die Angaben sind, desto nützlicher sind die Treffer. Ähnlich wie bei Darstellungen und → *Quellen* sind folgende Bereiche auch im Internet zu beachten:

Erstens: formale Kennzeichen

1. Wer hat die Seite ins Netz gestellt (E-Mail-Adresse)? Zuverlässige Angaben bieten die Webseiten von Bibliotheken, Museen, Universitäten, Gedenkstätten sowie öffentlicher Einrichtungen wie die Bundeszentrale für politische Bildung oder Rundfunk- und Fernsehanstalten.
2. An wen richtet sich die Internetseite (Fachpublikum, Laien, Jugendliche)?
3. Wie aktuell sind die Informationen? Wann war das letzte Update?
4. Gibt es Fußnoten, Literatur- oder Quellennachweise, die auf die Herkunft der Informationen verweisen?
5. Finden sich Verknüpfungen (Links) zu anderen Webseiten desselben Themas?

Zweitens: inhaltliche Aspekte

1. Welche Person, Organisation oder welches Ereignis behandelt der Beitrag?
2. Ist die Sprache verständlich?
3. Werden die Aussagen belegt? Wenn ja, womit (Quellen- oder Literaturangaben)?
4. Wird zwischen Fakten und Deutungen unterschieden?
5. Ist die Darstellung tendenziös? Werden undemokratische oder extreme Ansichten vermittelt?
6. Bietet die Darstellung unterschiedliche Sichtweisen des Themas?

Drittens: einordnen und bewerten

1. Wie wirkt der Beitrag? Ist er emotional oder sachlich?
2. Wie hilfreich und zielführend ist das Angebot im Hinblick auf mein Thema?

Viertens: nachweisen

Fremde Informationen, die du für deine Arbeit nutzt, sind nachzuweisen, damit sie überprüft werden können. Das gilt für Bücher ebenso wie für eine Webseite. Nenne auch immer das Zugriffsdatum, da sich die Angaben im Netz ständig ändern können.
Beispiel für einen korrekten Nachweis:
Zitiert nach: www.1000dokumente.de (Zugriff: 15.07.2021)

Im Archiv forschen

Vor allem für lokal- und regionalgeschichtliche Themen findest du → *Quellen* im Archiv. Das ist ein Ort, an dem alte Akten, Zeitungen, Flugblätter, Protokolle, Briefe, Tagebücher, Fotos und andere Unterlagen von Behörden, Firmen, Vereinen und Privatleuten aufbewahrt werden.
Voraussetzung für die vertiefende Arbeit im Archiv sind Grundkenntnisse des Themas. Wenn du weißt, welche Aspekte du bearbeiten willst, solltest du dazu Fragen formulieren. Dann ermittelst du, welches Archiv darüber Material besitzt. Kläre per Telefon mit den Mitarbeiterinnen und Mitarbeitern des Archivs dein Anliegen und vereinbare einen Besuchstermin. Beachte die Verhaltens- und Benutzungsregeln im Archiv. Zögere nicht, um Rat zu fragen (→ *Expertinnen und Experten anhören*).
Hast du das Erhoffte gefunden, mache dir umfassende Notizen – immer mit genauer Quellenangabe. Wahrscheinlich darfst du die Akten gar nicht oder nicht selbst kopieren. Auch eine Ausleihe ist nicht üblich.
Nach der Rückkehr aus dem Archiv muss das gesammelte Material gesichtet, geordnet und zu einer gegliederten, gut verständlichen Darstellung verarbeitet werden.
In Stadtarchiven lässt sich anhand von Zeitungen und anderen Quellengattungen beispielsweise gut erforschen, wie der → *30. Januar 1933* kommentiert wurde oder die → *„Gleichschaltung"* in deinem Wohn- oder Schulort ablief und beurteilt wurde.

1. Verschaffe dir anhand bereits vorhandener lokalgeschichtlicher Veröffentlichungen zunächst einen Überblick zum Thema.
2. Stelle fest, welche Zeitungen einzusehen sind, welche anderen Quellen (Ratsprotokolle, Polizeiberichte, Aufrufe, Tagebücher, Fotos etc.) vorliegen. Kläre, ob und wie du sie auswerten kannst. Prüfe, welche Dokumente du kopieren oder fotografieren (lassen) möchtest.
3. Notiere die Quellenangaben (Daten, Fundstellen, Signaturen) genau.
4. Informiere dich über die ausgewerteten Zeitungen und die Journalistinnen und Journalisten („Schriftleiter") sowie über die Herkunft der übrigen Dokumente.
5. Fasse deine Ergebnisse in einem Beitrag für die Schülerzeitung oder in einem Referat zusammen und/oder erstelle eine digitale Präsentation (→ *Lernplakate präsentieren – digitale Präsentationen erstellen*).

Expertinnen und Experten anhören

Um ein Thema zu erweitern oder zu vertiefen, kannst du eine Expertin oder einen Experten befragen, also jemanden, der sich in seinem Wissensgebiet besonders gut auskennt. Für das Fach Geschichte sind das Mitarbeiterinnen und Mitarbeiter von Museen, Universitäten oder Archiven. Auch Angehörige bestimmter Berufe sind Fachleute in ihrem Bereich. Vor einem Gespräch sind die Fragen zu sammeln und aufzuschreiben. Die Antworten solltest du in Stichworten notieren.
Eine Expertenanhörung kann auch im Unterricht stattfinden. Einer übernimmt die Gesprächsleitung, ein anderer protokolliert die wesentlichen Aussagen. So entsteht eine Zusammenfassung zu einem Thema, die es bisher vielleicht noch nicht gab.

KZ-Gedenkstätten besuchen

Der Besuch einer KZ-Gedenkstätte (→ *Konzentrations- und Vernichtungslager*) unterscheidet sich grundlegend vom Besuch anderer historischer Stätten. Er setzt Kenntnisse über die Zeit des → *Nationalsozialismus* voraus und erfordert Respekt vor dem Leid der vielen unschuldigen Menschen, die der Willkür und dem Terror zum Opfer fielen.

Erster Schritt: vorbereiten

1. Informiert euch im Internet (→ *Internetrecherche und -beurteilung*) wie der Gedenkstättenbesuch ablaufen kann und welche Themen dort im Mittelpunkt stehen.
   Mögliche Schwerpunkte:
   a. Entstehungsgeschichte des Lagers
   b. Aufteilung des Lagers
   c. Informationen über die Inhaftierten (z. B. Herkunft, Gruppen, Anzahl)
   d. Haftbedingungen und Lagerleben
   e. Schicksal einzelner Häftlinge
   f. Aufzeichnungen von Zeitzeuginnen bzw. Zeitzeugen (→ *Zeitzeugengespräche durchführen und auswerten*)?
   g. Befreiung des KZ
   h. Bestrafung der Verantwortlichen
   i. Vom befreiten KZ zur Gedenkstätte
2. Erstellt und verteilt vorab Arbeitsaufträge zu den Themen und einigt euch darauf, in welcher Weise die Ergebnisse festgehalten, präsentiert oder gesammelt werden sollen (z. B. Exkursionstagebuch, Lernplakate, digitales Dokument usw.).
3. Überlegt, durch welches Verhalten ihr in der Gedenkstätte Respekt vor dem Leid der vielen unschuldigen Menschen zeigen könnt.

→

Zweiter Schritt: durchführen

1. Bearbeitet eure Arbeitsaufträge.
2. Vergesst darüber aber nicht, die Gesamtanlage der Gedenkstätte wahrzunehmen: Wie ist sie gestaltet? Was wird dort mit welchen Mitteln gezeigt? Welche Atmosphäre herrscht?
3. Haltet eure Eindrücke auf der Fahrt zur Gedenkstätte, in der Gedenkstätte und auf der Rückfahrt spontan fest.

Dritter Schritt: nachbereiten

1. Präsentiert eure Ergebnisse in der vereinbarten Weise.
2. Diskutiert nach dem Besuch der Gedenkstätte in der Klasse, warum es wichtig ist, sich für eine freiheitlich-demokratische Grundordnung einzusetzen.

Lernplakate präsentieren – digitale Präsentationen erstellen

Hast du dich mit einem Thema gründlich beschäftigt, kannst du dein Arbeitsergebnis anschaulich digital oder analog als Lernplakat mit Texten, Abbildungen und Grafiken präsentieren.

1. Der Umfang bzw. Platz sowie die zur Verfügung stehende Zeit sind begrenzt. Darauf musst du dich einstellen.
2. Ordne deine Ergebnisse wie in einer kurzen Zeitungsmeldung nach Wichtigkeit.
3. Formuliere klar, genau und verständlich in kurzen, einfachen Sätzen wie in einer Inhaltsangabe.
4. Verdeutliche wichtige Aussagen mit großen Abbildungen, Schaubildern oder Karten.
5. Gib dem Poster oder der digitalen Präsentation einen Titel, der motiviert und informiert.
6. Wähle eine einheitliche Schrift in angemessener Größe, sodass sie einwandfrei lesbar ist. Kurze Abschnitte mit knappen Überschriften machen den Text übersichtlich.
7. Gestalte dein Poster bzw. die digitale Präsentation vielfältig und übersichtlich. Achte darauf, dass der Text- den Bildanteil nicht übertrifft.
8. Vergiss nicht, die Quellen deiner Informationen, Texte und Bilder anzugeben.
9. Beachte die Arbeitstechniken → *Fachliteratur finden und nachweisen* und → *Internetrecherche und -beurteilung*. Lernplakate und digitale Präsentationen kann man auch in Gruppen erarbeiten.

Mindmap oder Cluster erstellen

Das englische Wort „Cluster" steht für das Sammeln von Gedanken zu einem Begriff oder Satz. Hierfür wird der Begriff oder der Satz in die Mitte eines Blattes geschrieben. Angeregt von diesem Wort oder Satz schreibst du spontan weitere Wörter darum herum, die dir dazu einfallen. Diese Arbeitstechnik hilft, Ideen zu sammeln und Gedanken zu ordnen.

Aus einem Cluster wird eine Mindmap (Gedanken-Landkarte), wenn du deine Ideen nach Oberbegriffen gliederst und zwischen den Begriffen Verbindungslinien ziehst. Sie machen dann die Beziehungen der Begriffe zueinander deutlich. Eine Mindmap setzt schon genauere Kenntnisse über den Begriff oder den Satz voraus, zu dem du Ideen sammeln willst. Eine Mindmap hilft dir, ein Thema zu vertiefen und übersichtlich darzustellen.

Cluster und Mindmap können besonders ertragreich sein, wenn sie in Zweier- oder Gruppenarbeit erstellt werden.

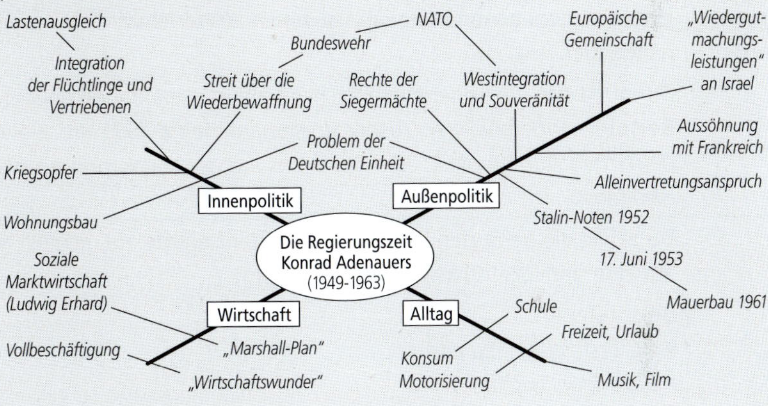

▲ **Die Regierungszeit Konrad Adenauers**

Aufgaben richtig verstehen und bearbeiten

Wissen wiedergeben (Anfordungsbereich I)

Operator	*Was genau musst du tun?*
beschreibe, bestimme, schildere	Wie → *nenne*. Du stellst darüber hinaus einen Sachverhalt so dar, dass man sich etwas gut vorstellen kann.
	Tipp: Achte besonders auf Anschaulichkeit und auf eine sachliche Sprache! Überflüssiges lässt du weg. Einzelne Schritte der Beschreibung verknüpfst du mit Konjunktionen. **Beispiele**: • *Am wichtigsten ist …* • *Nachdem …, ereignete sich …* • *Vor allem ist zu beachten, dass …*
fasse zusammen, gib wieder	Du stellst in eigenen Worten sachlich die wichtigsten Informationen aus einem vorgegebenen Material zusammen. Erwartet wird ein zusammenhängender Text.
	Du musst den Text oder einen Sachverhalt erst verstanden haben. **Beispiel**: *Außenminister Gustav Stresemann nennt 1925 drei Ziele der deutschen Außenpolitik: erstens die Lösung der Reparationsprobleme, zweitens …*
nenne	Du zählst die gefragten Informationen oder Begriffe auf, achtest aber auf eine sinnvolle Auswahl und Reihenfolge.
	Beispiele: • *Als Erstes ist … zu nennen.* • *Besonders wichtig ist …* • *Darüber hinaus …*
skizziere	Wie → *nenne*. Du beschränkst dich auf besonders aussagekräftige und wichtige Aussagen. Wie bei einer gezeichneten Skizze wird das Wesentliche deutlich, ohne dass Details ausgestaltet sind. Gemeint ist bei „skizziere" also keine Zeichnung.
	Beispiel: *Skizziere den Verlauf eines Krieges/eines Konfliktes.* Hier ließen sich unendlich viele Details aufzählen, die aber das Wesentliche eher verwischen würden. Überlege dir deshalb vorher genau, welche Schwerpunkte du setzen musst, damit du nichts Wesentliches vergisst und keine überflüssigen Details nennst.

Wissen anwenden und übertragen (Anforderungsbereich II)

Operator	*Was genau musst du tun?*
analysiere, untersuche	Du wertest Materialien nach bestimmten Gesichtspunkten aus und verwendest dafür bestimmte Vorgehensweisen (siehe dazu die entsprechenden Methodentipps).
	Nach besonderen Begriffen, Merkmalen und Zusammenhängen in Materialien suchen und diese in einem Text systematisch und geordnet zusammenfassen. **Analyse von Texten**: häufig genannte Begriffe wie bestimmte Substantive, Jahreszahlen, Personen oder Schauplätze beachten **Analyse von Bildern**: bestimmte Symbole, Auffälligkeiten und Hervorhebungen durch Größenverhältnisse, Positionen im Bild, bestimmte Farben und besondere Kleidung beachten
begründe, weise nach	Du verwendest Gründe, um zu überzeugen. In der Aufgabenstellung findest du deshalb immer eine bestimmte Aussage (These).
	Beispiel: *Der Bundespräsident fordert uns in seiner Rede dazu auf, sich für die Demokratie einzusetzen, weil …*
charakterisiere	Du beschreibst einen historischen Sachverhalt, indem du das Besondere deutlich herausarbeitest.
	Um das Besondere zu erfassen, musst du Thema oder Material nach bestimmten Gesichtspunkten gliedern und → *erklären*.
erarbeite, arbeite heraus, finde heraus	Du entnimmst einem Material bestimmte Informationen oder Begriffe und stellst deine Ergebnisse in eigenen Formulierungen sachlich dar.
	Tipp: Achte besonders auf die Gesamtaussage, da manchmal wichtige Informationen nicht ausdrücklich, sondern nur indirekt genannt werden! Siehe auch die Hinweise für → *fasse zusammen*.
erkläre, erläutere	Du stellst einen Sachverhalt so dar, dass die Inhalte und Zusammenhänge verständlich sind. Gelegentlich musst du auch Gründe nennen (→ *begründe*). Achte auf deine Wortwahl! Komplizierte Sachverhalte sind ausführlicher zu erklären, das nennen wir dann *erläutern*.
	Tipp: Um die Zusammenhänge zu erklären oder zu erläutern, kannst du kausale Konjunktionen verwenden wie *weil…, deshalb …, daher …, dadurch …*

ordne ein	Du ordnest ein Ereignis, die Handlungsweise einer Person, das Thema der Quelle bzw. der Darstellung in einen historischen Zusammenhang ein.
	Tipp: Stelle dir z. B. dazu folgende Fragen: • Was hat sich in dem betreffenden Zeitraum sonst noch ereignet? • In welchem Zusammenhang ist mir das Ereignis, die Person oder das Thema schon einmal begegnet?
stelle dar	Du verfasst einen Text über bestimmte historische Sachverhalte und Zusammenhänge. Dafür entnimmst du den Materialien gezielt Informationen.
	Tipp: In diesem Operator sind noch andere versteckt: 1. Um an die Informationen zu kommen, musst du Materialien → *auswerten*. 2. Um Zusammenhänge darzustellen, musst du teilweise auch → *beschreiben*, → *erklären* und → *beurteilen*.
werte aus	Du wertest Text- und Bildquellen, Karten und Schaubilder sowie INFO-Texte nach bestimmten Gesichtspunkten (Kriterien) genau aus.
	Für eine Untersuchung brauchst du bestimmte Gesichtspunkte. Dies können z. B. Fragen sein. Du findest solche Fragen in den entsprechenden Methodentipps.

Über etwas nachdenken, eine eigene Meinung bilden und gemeinsam Probleme lösen (Anforderungsbereich III)

Operator	*Was genau musst du tun?*
beurteile	Du → *bewertest* einen bestimmten historischen Sachverhalt. Dabei achtest du genau auf die Fakten und Umstände (= Sachurteil).
	Beispiel: *Der Aufstand der Kieler Matrosen spielte für den Ausbruch der Novemberrevolution von 1918 eine wichtige Rolle, weil …*
bewerte, nimm Stellung	Du beziehst wie bei → *beurteile* Stellung zu einem historischen Sachverhalt. Bei „bewerte“ sollst du aber auch deine eigene Vorstellung berücksichtigen (= Werturteil).
	Beispiel: *Der Reichspräsident Hindenburg und seine Berater sind verantwortlich für die Ernennung Hitlers zum Reichskanzler, weil …*

diskutiere	Du nimmst zu einer bestimmten Aussage eine bestimmte Position ein. Damit du jemanden überzeugen kannst, musst du Argumente entwickeln. **Beispiel**: *Ich finde, dass die Durchsetzung der Menschenrechte noch unzureichend ist, da es …*
erörtere, setze dich auseinander	Du entwickelst schriftlich und wie bei ➔ *diskutiere* eine Argumentation, indem du Thesen mit Beispielen bildest. Erörtern hat einen ausgeprägten Sachbezug, sodass die historische Fragestellung noch stärker in den Mittelpunkt der Betrachtung rückt als bei ➔ *diskutiere*.
interpretiere, deute	Du ➔ *untersuchst* die Aussagen eines Textes, eines Bildes, einer Statistik oder eines Schaubildes und stellst fest, was damit bewirkt werden sollte. Du kannst bei der Interpretation deine Aussagen selbst gewichten. Berücksichtige dabei die Ergebnisse, die du durch die vorausgehende Beschreibung und Untersuchung gewonnen hast. Es geht also nicht um eine bloße Einschätzung oder Vermutung. • *Der Verfasser möchte mit seinem Text (wahrscheinlich) erreichen, dass …* • *Die Künstlerin will zeigen, dass …* • *Der Statistiker will belegen, dass …* Vergiss im Anschluss an die Behauptung nicht, deine Deutung mithilfe der Beschreibung und Untersuchung zu belegen! • *Das kann man daran erkennen, dass ...* • *Folgende Bildelemente sprechen dafür, dass ...*
prüfe, überprüfe	Du ➔ *untersuchst*, ob eine Aussage stimmig ist, und formulierst ein überzeugendes Ergebnis zu deinen Überlegungen. Vorher musst du ein Material aber ➔ *untersuchen* oder ➔ *auswerten*. **Tipp**: Berücksichtige beim Überprüfen die Informationen zu ➔ *beurteile*, ➔ *bewerte* und ➔ *diskutiere*.
vergleiche, stelle gegenüber, unterscheide	Du stellst zwei Aussagen oder Materialien gegenüber und suchst mithilfe bestimmter Vergleichspunkte nach Gemeinsamkeiten und Unterschieden. Abschließend formulierst du ein Ergebnis der Gegenüberstellung. **Tipp**: Zur Vorbereitung deiner Antwort kann eine Tabelle mit Spalten hilfreich sein.

Formulierungshilfen

Einleitung	Der Verfasser/die Verfasserin (Beruf, Alter, Herkunft) beschäftigt sich (Zeit/Kontext) mit .../untersucht/setzt sich mit der Frage auseinander/behandelt das Problem .../thematisiert ... **Beispiel:** *Der Historiker Wolfgang Benz hat 2018 ein Werk über die „Gewalt im November 1938" vorgelegt und darin zahlreiche Beispiele für die antijüdische Gewalt vorgestellt.*
Einordnung in den historischen Kontext	Der Autor/die Autorin (Beruf, Alter, Herkunft) hat den Aufsatz/Beitrag etc. verfasst/die Rede gehalten, als ... Die Quelle lässt sich vor dem Hintergrund von ... einordnen. **Beispiel:** *Nach den festgestellten Wahlfälschungen vom 7. Mai 1989 wurde der Protest gegen die SED und die DDR-Regierung immer stärker.*
Textwiedergabe, „Kernthese"	Er/sie behauptet/ist der Meinung, dass ... **Beispiel:** *Der SPD-Politiker Egon Bahr, ein enger Mitarbeiter von Bundeskanzler Willy Brandt (SPD), setzte mit seiner These vom „Wandel durch Annäherung" auf eine aktive Verständigung mit der DDR, weil er davon überzeugt war, dass Änderungen in dem deutsch-deutschen Verhältnis nur mit Zustimmung, aber nicht gegen den Willen der DDR-Regierung zu erreichen seien.*
Vergleich	Ebenso wie (ein anderer Autor/eine andere Autorin)/anders als (die Meinung/Argumentation/Position von) ... **Beispiel:** *Die Historikerin Annika Mombauer hat eine andere Auffassung zur Kriegsschuldfrage als der Historiker ...*
Absicht	Er/sie will darauf hinweisen/erreichen/verdeutlichen/zielt auf ... **Beispiel:** *Bundespräsident Richard von Weizsäcker (CDU) hat 1985 in seiner Rede zum 8. Mai darauf hingewiesen, dass wir „den 8. Mai 1945 nicht vom 30. Januar 1933 trennen" dürfen.*
Stellungnahme	Die Argumentation überzeugt (nicht)/ist widersprüchlich/schlüssig/(nicht) einleitend/zutreffend, weil ... Ich stimmte dem Autor/der Autorin zu/teile (nicht) die Haltung des Verfassers/der Verfasserin/schließe mich (nicht) der Argumentation an, weil ... **Beispiel:** *Den Ausspruch „Wir schaffen das!" der Bundeskanzlerin Angela Merkel (CDU) in der Flüchtlingskrise von 2015 teile ich (nicht), weil ...*
Zusammenfassung	Der Autor/die Autorin fasst seine/ihre Haltung/Sichtweise zusammen, indem er/sie .../sagt abschließend .../kommt zu dem Schluss, dass ... **Beispiel:** *Der Historiker Paul Nolte kommt zu dem Schluss, dass ohne die Mitarbeit von Teilen der Bevölkerung eine Diktatur nicht möglich ist.*

Abkürzungen

APO	Außerparlamentarische Opposition
CDU	Christlich Demokratische Union Deutschlands
CSU	Christlich Soziale Union in Bayern
COMECON	→ *RGW*
DDR	Deutsche Demokratische Republik
DM	Deutsche Mark
EAG	Europäische Atomgemeinschaft (Euratom)
EEA	Einheitliche Europäische Akte
EG	Europäische Gemeinschaft
EGKS	Europäische Gemeinschaft für Kohle und Stahl (Montanunion)
ERP	Europäisches Wiederaufbauprogramm (Marshall-Plan)
EU	Europäische Union
EWG	Europäische Wirtschaftsgemeinschaft
FDJ	Freie Deutsche Jugend
FDP	Freie Demokratische Partei
Gestapo	Geheime Staatspolizei
GG	Grundgesetz für die Bundesrepublik Deutschland
GUS	Gemeinschaft Unabhängiger Staaten
HJ	Hitler-Jugend
IM	Inoffizieller Mitarbeiter des → *MfS*
IWF	Internationaler Währungsfonds
KdF	Kraft durch Freude
KPD	Kommunistische Partei Deutschlands
KPdSU	Kommunistische Partei der Sowjetunion
KSZE	Konferenz über Sicherheit und Zusammenarbeit in Europa; jetzt → *OSZE*
KZ	Konzentrationslager
LPG	Landwirtschaftliche Produktionsgenossenschaft
MfS	Ministerium für Staatssicherheit der → *DDR*

NATO	North Atlantic Treaty Organization (Nordatlantische Verteidigungsgemeinschaft)
NGO	Non Governmental Organization (Nichtregierungsorganisation)
NS	Nationalsozialismus
NSDAP	Nationalsozialistische Deutsche Arbeiterpartei
NVA	Nationale Volksarmee
OECD	Organization for Economic Cooperation and Development (Organisation für wirtschaftliche Zusammenarbeit und Entwicklung)
OEEC	Organization for European Economic Cooperation (Organisation für Europäische Wirtschaftliche Zusammenarbeit)
OSZE	Organisation für Sicherheit und Zusammenarbeit in Europa
RGW	Rat für Gegenseitige Wirtschaftshilfe; auch COMECON (Council for Mutual Economic Assistance)
RM	Reichsmark
RSHA	Reichssicherheitshauptamt
SA	Sturmabteilung der → *NSDAP*
SALT	Strategic Arms Limitation Talks (Verhandlungen über die Beschränkung strategischer Nuklearwaffen)
SBZ	Sowjetische Besatzungszone
SED	Sozialistische Einheitspartei Deutschlands
SMAD	Sowjetische Militäradministration in Deutschland
SPD	Sozialdemokratische Partei Deutschlands
SS	Schutzstaffel
START	Strategic Arms Reduction Talks (Verhandlungen über den Abbau strategischer Rüstungssysteme)
Stasi	Staatssicherheitsdienst der → *DDR*
UdSSR	Union der Sozialistischen Sowjetrepubliken
UNO	United Nations Organization (Vereinte Nationen)
USA	United States of America (Vereinigte Staaten von Amerika)
WTO	World Trade Organization (Welthandelsorganisation)
WVO	Warschauer Vertragsorganisation (Warschauer Pakt)

Internettipps

Übergreifende Angebote

www.demokratiegeschichte.eu
Seite des Institut für Geschichtliche Landeskunde an der Universität Mainz e. V. zur Geschichte und Vorgeschichte des Hambacher Festes, zur Revolution von 1848/49, zu den Grundrechten, Parlamenten, Parteien sowie zur Presse- und Meinungsfreiheit.

www.dhm.de/lemo
LeMO - Lebendiges Museum Online ist *das* Online-Portal zur deutschen Geschichte. Objekte, Texte, Medien, Zeitzeugenberichte und Dokumente laden ein, zu entdecken, zu recherchieren und sich zu informieren. LeMO richtet sich an eine breite Zielgruppe, an Jugendliche und Senioren, an alle Geschichtsinteressierten.

www.deutsche-biographie.de
Wissen zu mehr als 730.000 Persönlichkeiten des deutschen Sprachraums vom frühen Mittelalter bis zur Gegenwart, u. a. 50.000 biografische Artikel (ADB und NDB) und Links zu über 230 weiteren Angeboten (Lexika, Quellen, Literatur etc.).

www.hanisauland.de/lexikon
Lexikon zur Politik (Bundeszentrale für politische Bildung)

www.planet-wissen.de/geschichte/index.html
Planet Wissen ist ein Gemeinschaftsprojekt des Westdeutschen Rundfunks (WDR), des Südwestrundfunks (SWR) und von ARD-alpha und bietet Online-Angebote zu allen Epochen der Geschichte (Antike, Mittelalter, Neuzeit, Zeitgeschichte).

Dokumente, Quellen und Materialien

www.chronik-der-mauer.de
Überblick über die Geschichte der Berliner Mauer (Chronik, Grenze, Fluchten, Todesopfer, Materialien etc.

www.deutschegeschichten.de
Das Projekt enthält Infos, Videos, Dossiers etc. zur deutschen Geschichte von 1890 bis zur Gegenwart.

www.documentarchiv.de
Dokumenten- und Quellensammlung zur deutschen Geschichte ab 1800.

www.1000dokumente.de
Das Projekt „100(0) Schlüsseldokumente zur deutschen Geschichte im 20. Jahrhundert" versucht, anhand von ausgewählten Textdokumenten, aber auch Bildern, Audio- und Videodokumenten, in die deutsche Geschichte des 20. Jahrhunderts und in den Stand ihrer Erforschung einzuführen.

http://germanhistorydocs.ghi-dc.org/home.cfm
Deutsche Geschichte in Dokumenten und Bildern (DGDB) ist eine umfassende Quellensammlung zur Politik-, Sozial- und Kulturgeschichte Deutschlands von 1500 bis in die Gegenwart. Sie besteht aus Textquellen sowie aus einer breiten Auswahl von Bildquellen.

www.zeitzeugen-portal.de
Vom Ersten Weltkrieg bis zur Gegenwart. Themen: Holocaust: Der Völkermord im Nationalsozialismus; Migration: Leben in der neuen Heimat; Grenzerfahrungen: Abschied und Ankunft; Jugend: Rebellion und Anpassung; Wirtschaft: Mangel und Überfluss; Kultur: Kunst und Propaganda; Soziale Bewegungen: Protest und Subkultur

Links zur Geschichte Bayerns

www.bavarikon.de
Bavarikon – Kultur- und Wissensschätze Bayerns – ist eine Onlineplattform des Freistaates Bayern. Es präsentiert digital Kunst-, Kultur- und Wissensschätze aus Einrichtungen in Bayern.

https://geoportal.bayern.de
BayernAtlas – der zentrale Kartenservice des bayerischen Ladesamtes für Digitalisierung, Breitband und Vermessung. Zahlreiche Hinweise mit Beispielen zum Einsatz im (Geschichts-)Unterricht finden sich im Leitfaden BayernAtlas-Plus an Schulen.

www.hdbg.de/basis
Seite des Hauses der Bayerischen Geschichte mit Hinweisen zu Ausstellungen, allen voran der Bayerischen Landesausstellungen. Hinzu kommt die Dauerausstellung „Wie Bayern Freistaat wurde und was ihn so besonders macht" in Regensburg, die die Geschichte des modernen Bayern – von 1800 bis in die Gegenwart – präsentiert.

www.historisches-lexikon-bayerns.de/Lexikon/Artikel_A-Z
Das zentrale wissenschaftliche Nachschlagewerk zu allen Fragen der bayerischen Geschichte von den Anfängen bis zur Gegenwart.

www.hdbg.eu/zeitzeugen
Das HdBG-Portal „Zeitzeugen berichten" umfasst aktuell 821 Video-Ausschnitte aus 661 Zeitzeugeninterviews.

Alle Angaben wurden zuletzt am 15. 07. 2021 aufgerufen.

Vom Ostfränkischen Reich bis zur Bundesrepublik

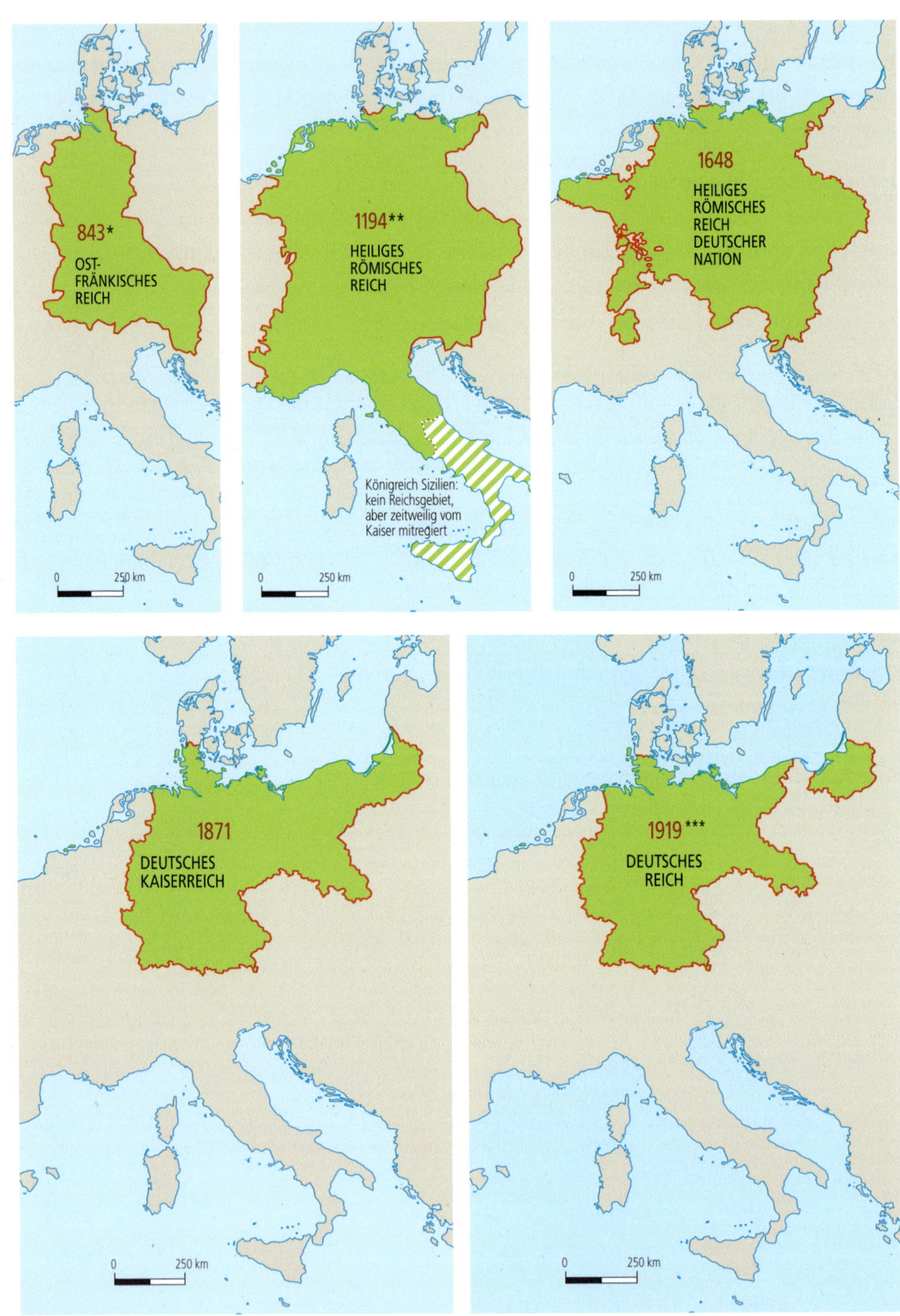

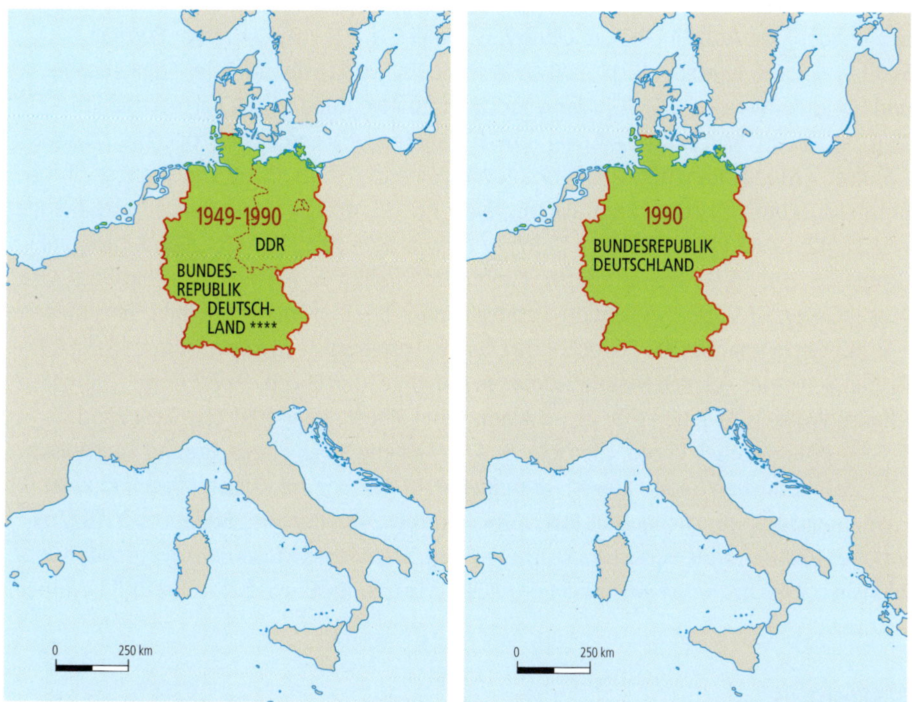

* Vertrag von Verdun (843): Teilung des Frankenreiches zwischen Lothar, der das Mittelreich mit Italien übernimmt, Ludwig dem Deutschen, der das Ostfränkische Reich erhält, und Karl dem Kahlen, der das Westfränkische Reich bekommt. Der Vertrag schafft die Voraussetzung für die Entwicklung des deutschen und des französischen Volkes.

** Kaiser Heinrich VI. wird 1194 in Palermo zum König von Sizilien gekrönt. Er regiert damit über das „Heilige Römische Reich" und das Königreich Sizilien. „Heiliges Römisches Reich" ist die Bezeichnung für das im 10. Jh. entstandene deutsche Reich. Es stellt den Herrschaftsbereich der abendländischen ➜ *Kaiser* und der ihnen verbundenen Reichsterritorien dar. Von den anderen Reichen wie Frankreich unterscheidet es sich dadurch, dass dessen Herrscher sich als Nachfolger der römischen Kaiser und als Schutzherren der römisch-katholischen Kirche verstehen. In den ➜ *Quellen* finden wir erst seit dem 11./12. Jh. die Bezeichnung „Reich der Deutschen" (lat. *regnum Teutonic[or]um*). Die Bezeichnung „Heiliges Reich" (lat. *sacrum Imperium*) ist seit Mitte des 13. Jh. nachweisbar. Ende des 15. Jh. setzt sich für die deutschen Teile der von den habsburgischen Kaisern regierten Gebiete die Bezeichnung ➜ *Heiliges Römisches Reich Deutscher Nation* durch.

*** Deutschland nach dem ➜ *Vertrag von Versailles*

**** Das Saarland stand nach dem Zweiten Weltkrieg zunächst unter französischer Verwaltung und wurde erst nach dem deutsch-französischen Vertrag vom 27. Oktober 1956 ab 1. Januar 1957 in die Bundesrepublik Deutschland eingegliedert.

Bildnachweis

akg-images / De Agostini Picture Library, G. Dagli Orti – S. 10; - / Werner Forman – S. 39; -/ Andrea Jemolo – S. 10; - / Landesmuseum Württemberg, Peter Frankenstein und Hendrik Zwitasch – S. 30; Alamy Stock Photo / Heritage Image Partnership Ltd – S. 10; - / © Patti McConville – Cover; bpk-Bildagentur / Deutsches Historisches Museum – S. 40; - / Münzkabinett, SMB, Lübke & Wiedemann – S. 13 (2); - / The Trustees of the British Museum – S. 26; - / Zentralarchiv, SMB – S. 35; dpa Picture-Alliance / akg-images – S. 31, 42; - / AP Photo, psison – S. 57; - / Auswärtiges Amt – S. 46; - / dpa-infografik GmbH – S. 54, 56; - / dpa-infografik, Globus Infografik – S. 79; - / Presse-Bild-Poss, Uta Poss – Cover; - / SOLO Syndication, Leslie Illingworth – S. 50; - / Zentralbild, Jens Kalaene – S. 28; Getty Images Plus / iStockphoto, Rainer Lesniewski – Vorsatz hinten; KURIER / Grafik: Schimper – S. 49; Mauritius Images / Alamy Stock Photo, David Angel – S. 44; - / Charles Walker Collection – S. 21; - / Alamy Stock Photo, Imago Europe Collection – S. 53; - / Alamy Stock Photo, Mccool – S. 47; - / Alamy Stock Photo, Roman Tiraspolsky – S. 55; - / Christian Bäck – Cover; - / imageBROKER, Raimund Kutter – S. 34; © Peter Palm, Berlin – S. 20; Archaeo Ristow, Köln / Normer, Architecture, Budapest-2018 (Zolt, Vasáiros, Gábor Nagy, Sebastian Ristow) – S. 27; Staatliches Museum Ägyptischer Kunst München – Cover; www.wikimedia.org / David Liuzzo, CC0 – S. 32; - / Berthold Werner – Cover.

Mediencodes
© Architectura Virtualis GmbH, www.architectura-virtualis.de / Kooperationspartner der Technischen Universität Darmstadt – S. 14; Kartographie Kämmer, Berlin / www.kaemmer.de – S. 30; © Peter Palm, Berlin – S. 25, 36.